Basel II
Rating für IT-Unternehmen

hessen-media Band 53

Dr. Oliver Everling

RATING EVIDENCE GmbH

Hessisches Ministerium für Wirtschaft,
Verkehr und Landesentwicklung

HA Hessen Agentur GmbH
hessen-it
Abraham-Lincoln-Straße 38-42
65189 Wiesbaden

Telefon 0611 / 774-8481
Telefax 0611 / 774-8620
E-Mail info@hessen-it.de
Internet www.hessen-it.de

Redaktionsteam:
Dr. Oliver Everling
Dr. Anette Knierriem-Jasnoch
Wolf-Martin Ahrend
Gabriele Medewisch

RATING EVIDENCE GmbH
Postfach 900336
60443 Frankfurt am Main

Telefon 0700 / EVIDENCE
Telefon 0700 / 38433623
Telefax 089 / 244336341
E-Mail info@RATING-EVIDENCE.com
Internet www.RATING-EVIDENCE.com

in Zusammenarbeit mit hessen-it

Layout/Satz: WerbeAtelier Theißen, Lohfelden
Titelabbildung: PhotoCase.com
Druck: Werbedruck Schreckhase, Spangenberg

ISBN 3-939358-53-3
ISBN (ab 01.01.2007) 978-3-939358-53-4

Bibliografische Informationen der Deutschen Bibliothek: Die Deutsche Bibliothek verzeichnet diese Publikation in der Deutschen Nationalbibliografie; detaillierte bibliografische Daten sind im Internet über http://dnb.ddb.de abrufbar.

Hessen ist seit Jahren einer der größten und wichtigsten IT-Standorte in Deutschland und Europa. Angesichts der Bedeutung der IT-Unternehmen für Hessen einerseits und angesichts der Standortqualitäten des Landes Hessen für IT-Unternehmen andererseits erhöht hessen-it stetig die Attraktivität des Standortes und stärkt damit nachhaltig die Wettbewerbsfähigkeit der in Hessen ansässigen Unternehmen.

Wettbewerbsfähigkeit geht eng einher mit Unternehmenswachstum und finanziellen Handlungsspielräumen. Der Verhandlungsspielraum eines jeden Unternehmens gegenüber Banken ist umso größer, je besser das Rating des Unternehmens ist. Mit dem Stichwort „Basel II" verbindet sich ein Regelwerk, das im Kern eine stärkere Orientierung des Bankkreditgeschäfts an erteilten Ratings bewirkt.

Obwohl viele Banken ihre Kunden ausführlich über die neuen Anforderungen an das Kreditgeschäft informieren, bleibt insbesondere für die Informationstechnologie-Unternehmen, aber durchaus auch für die Technologieunternehmen im Allgemeinen oftmals die Frage unbeantwortet, wie sie sich am besten auf diese neuen Bedingungen einstellen können. Dies ist umso schwieriger, als die traditionell stark an Sachwerten orientierte Beurteilung von Kreditnehmern nicht auf die Geschäftsmodelle innovativer Technologieunternehmen passt.

Für die erfolgreiche Führung eines Technologieunternehmens sind daher Kenntnisse über die Anforderungen des Ratings von zentraler Bedeutung. So ist zum Beispiel die IT-Sicherheit nicht nur ein wichtiges Thema für das Unternehmen selbst, sondern auch ein wichtiger Bewertungsfaktor, der in das Rating eingeht.

Der vorliegende Leitfaden soll daher insbesondere kleinen und mittleren Technologieunternehmen Orientierung und Unterstützung bei der Vorbereitung auf den Ratingprozess und den damit einhergehenden Fragestellungen geben.

Ich wünsche Ihnen und Ihrem Unternehmen bei der Durchführung des Ratings viel Erfolg!

Dr. Alois Rhiel, Hessischer Minister für Wirtschaft, Verkehr und Landesentwicklung

Basel II
Rating für IT-Unternehmen

Schriftenreihe hessen-media: Neuerscheinungen

2006

Internet-Marketing nicht nur für kleine und mittlere Unternehmen

Basel II – Rating für IT-Unternehmen

Leitfaden Anti-Spam

Leitfaden VoIP

Leitfaden Webdesign

Funkgestützte Auto-Identifikation: RFID zur Optimierung von Prozessen

In modernen Märkten überleben – Kooperationen mittelständischer Softwareunternehmen in Hessen

Surviving in modern markets – SME Cooperation in the software industry in Hessen

2005

Leitfaden zur Patentierung computerimplementierter Erfindungen

Recht im Internet

Gefunden werden im Internet

Zusammenfassung

Rating für IT-Unternehmen ist im Ergebnis eine einfache Sache: Durch Symbole einer mehrstufigen Skala wird in der Art einer Schulnote ein Urteil darüber getroffen, wie wahrscheinlich es erscheint, dass der Kreditnehmer seinen zwingend fälligen Zahlungsverpflichtungen stets vollständig und rechtzeitig nachkommt. Im Unterschied zu den Schulzensuren gab es für diese Klassifizierungen von Unternehmen bisher in Deutschland keine gesetzlichen Regelungen. Insbesondere wurden an die von Kreditinstituten intern ihren Unternehmenskunden erteilten Bonitätsnoten keine aufsichtsrechtlichen Konsequenzen geknüpft.

Dies änderte sich durch die am 20. Dezember 2002 von der heutigen Bundesanstalt für Finanzdienstleistungsaufsicht erlassenen Mindestanforderungen an das Kreditgeschäft der Kreditinstitute (MaK), die zusammenfassenden Mindestanforderungen an das Risikomanagement wie auch durch die Umsetzung des Regelwerkes des Baseler Ausschusses für Bankenaufsicht (Basel II). Danach wird die Höhe der Eigenmittelunterlegung im Kreditgeschäft der Banken an das dem Kunden erteilte Rating geknüpft. Da der Einsatz von Eigenkapital für jede Bank kalkulatorisch mit Kosten verbunden ist, können die veränderten Regeln für die Mehrzahl der IT-Unternehmen nicht ohne Konsequenzen bleiben. Nur Kreditnehmer, deren Kredite aufgrund ihrer individuellen Ratings künftig mit genau derselben Eigenmittelunterlegung zu versehen sind wie bisher, haben sich lediglich organisatorisch auf die veränderten Anforderungen aus den bankinternen Ratingprozessen vorzubereiten. Für alle anderen bedeutet „Basel II" darüber hinaus, entweder von der niedrigeren Eigenmittelunterlegung schon heute profitieren zu können oder aber mit höheren Zinskosten rechnen zu müssen.

Da kein Automatismus Banken dazu anhält, ihre Vorteile bei der Eigenmittelunterlegung im Bankkreditgeschäft an ihre Kunden in Form von Zins- und Konditionenvergünstigungen weiterzugeben, ist es für jedes IT-Unternehmen ratsam, sich nach den neuen Möglichkeiten des Ratings zu erkundigen.

Wer ein gutes Rating genießt, erhält gegenüber den Banken größere Verhandlungsspielräume. Diese zu nutzen, setzt jedoch ein genaues Verständnis der Arbeitsweise der Banken voraus. Wer sich wegen eines schlechten Ratings mit höheren Zinsforderungen der Bank konfrontiert sieht, sollte sich davon überzeugt haben, seine Argumente für ein besseres Rating ausgeschöpft zu haben und nicht Opfer einer Fehlklassifizierung zu werden. Da etwa ein Drittel aller Kreditnehmer durch die bei Banken überwiegend computergestützt erfolgende Klassifikation in wenigen Fällen zu gut, in den meisten Fällen jedoch - dem Vorsichtsprinzip folgend - zu vorsichtig und daher zu nachweislich schlecht beurteilt werden, lohnt sich die Beschäftigung mit der Materie, um die finanzielle Handlungsfähigkeit zu sichern.

Während in den meisten Ländern der Welt die bekannten Symbole und Verfahrensweisen führender Ratingagenturen (AAA, AA, A, BBB usw.) zum Standard geworden sind, werden in Deutschland praktisch alle großen Banken wie auch zahlreiche kleinere Institute, insbesondere auch Sparkassen und Genossenschaftsbanken, mit eigenen, internen Ratingsystemen arbeiten wollen, die den Anforderungen nach Basel II genügen. Daher genügt es nicht, die Methoden und Kriterien der Ratingagenturen zu kennen, vielmehr kommt es darauf an, die spezifischen Bedingungen zu erfahren, unter denen die jeweilige Bank ihr internes Rating für IT-Unternehmen erstellt.

Trotz einer Vielzahl von teils detaillierten Regelungen des Bankenaufsichtsrechts genießen die Kreditinstitute viele Gestaltungsspielräume:

- Jede Bank kann eigene Ratingsymbole und Ratingskalen verwenden, so dass der Kunde die Ratings konkurrierender Banken nicht ohne weiteres vergleichen kann.
- Die verwendeten Ratingsymbole können von Bank zu Bank unterschiedlich definiert werden.
- Die Kreditinstitute sind weitgehend frei in der Wahl der Ratingkriterien und Ratingmaßstäbe.
- Die Gestaltung der Ratinginstrumente und Ratingmethoden ist weitgehend in das Ermessen der Banken gestellt.
- Banken können über die Mindestanforderungen hinaus unterschiedliche Funktionen an das Rating knüpfen und es unterschiedlichen Verwendungen zuführen.

Banken sind nicht verpflichtet, die für den Kunden maßgeblichen Informationen offen zu legen. Der Gesetzgeber knüpft an die bankenintern erteilten Ratings hoheitliche Konsequenzen unabhängig davon, ob der Kunde darüber Einsicht erlangen kann. Die Kriterien und Maßstäbe der Beurteilung sowie ihre Verknüpfungen dürfen von den Banken stets geheim gehalten und somit der Kontrolle des Kunden entzogen werden. Die Auswahl der maßgeblichen Ratingmerkmale braucht dem Kunden gegenüber nicht ersichtlich gemacht zu werden. Da sich das Rating nicht lediglich als Durchschnittswert aus Teilnoten ergibt, sondern in der Regel nach einem komplizierten mathematisch-statistischen Algorithmus, hat der Kunde insbesondere auch kein Recht, mehr über die genaue Berechnung seiner Klassifizierung zu erfahren; in der Regel haben auch die Kundenbetreuer und Kreditsachbearbeiter der Bank zu diesen essentiellen Informationen keinen Zugang. Dem Kunden wird nicht ersichtlich gemacht, ob möglicherweise falsche Dateneingaben und fehlerhafte Bewertungen zu seinem Rating geführt haben.

Dieser Leitfaden bietet Unterstützung, die wichtigsten Aspekte bankinterner und bankenunabhängiger Ratingsysteme zu verstehen und IT-Unternehmen auf die Anforderungen vorzubereiten, die sich aus der veränderten internationalen Rechtslage ergeben.

Ziele des Leitfadens

Die Finanzwirtschaft von IT-Unternehmen wird von Ratings bestimmt: Das einem IT-Unternehmen erteilte Rating ist nicht nur Dreh- und Angelpunkt jeder Bankverbindung, sondern wird zunehmend auch in allen anderen Beziehungen zu Kapitalgebern, Geschäftspartnern, Kunden und Lieferanten relevant. Für die erfolgreiche Führung eines IT-Unternehmens sind Kenntnisse über die Anforderungen des Ratings daher von zentraler Bedeutung. Anliegen dieses Leitfadens ist es, IT-Unternehmen einen kompakten Überblick über alle wesentlichen Aspekte des Themas zu geben, die für die Finanzierungspraxis von Bedeutung sind.

Im Mittelpunkt des Bandes stehen die praktischen Aspekte des Ratings:

- Warum ist Rating wichtig?
- Wann wird Rating relevant?
- Wer ist für Rating verantwortlich?
- Welchen Einfluss hat der Gesprächspartner in der Bank auf das Rating?
- Wie läuft das Ratingverfahren ab?
- Wie ist das Ratingsystem aufgebaut?
- Auf welche Kriterien kommt es an?
- Welche Maßstäbe werden angelegt?
- Wie wird das Ergebnis skaliert?
- Welche Konsequenzen sind aus dem Urteil zu ziehen?
- Welche Funktionen nimmt das Rating wahr?
- Welcher Nutzen ist aus dem Rating zu ziehen?

1 Bedeutung des Ratings für IT-Unternehmen

Rating ist für jedes IT-Unternehmen von Bedeutung, das über eine Bankverbindung verfügt. Aufgrund der Mindestanforderungen an das Kreditgeschäft sind Kreditinstitute angehalten, jede Kundenverbindung einer Risikoklassifizierung zu unterziehen. Die so genannte Neue Baseler Eigenkapitalvereinbarung des Baseler Ausschusses für Bankenaufsicht knüpft zudem an das dem Unternehmen erteilte Rating die Höhe der regulatorischen Eigenmittelunterlegung. Die hierbei zur Anwendung kommenden Ratingsysteme stehen vor der Herausforderung, die Besonderheiten von IT-Unternehmen im Vergleich zu Adressen aus anderen Branchen angemessen abzubilden. Rating ist jedoch nicht nur aufgrund aufsichtsrechtlicher Normen von Interesse. Als Aussage über die Zukunftsfähigkeit eines IT-Anbieters ist es für jeden von Interesse, der mit einem IT-Unternehmen zu tun hat.

1.1 Charakteristika von Softwareunternehmen

Ratings für IT-Unternehmen stellen für Ratinganalysten eine besondere Herausforderung dar. Die IT-Branche ist nach wie vor von Wachstumsstärke und Dynamik gekennzeichnet. Im Gegensatz zu anderen Branchen bleiben die Einflussfaktoren der Bonitätsentwicklung in der IT wenig stabil. Zum Vergleich: Für das Rating von Eisenbahngesellschaften liegen Erfahrungen über fast ein ganzes Jahrhundert vor – schon 1909 wurde in den USA damit begonnen, solche Gesellschaften einem systematischen Rating zu unterziehen. Die IT-Branche ist dagegen erst wenige Jahrzehnte alt und seit Entstehen von tief greifenden Veränderungen gekennzeichnet.

Softwareunternehmen haben die Arbeit an Computerprogrammen gemeinsam, bieten ihren Kunden aber letztlich äußerst unterschiedliche Problemlösungen an. Dies macht die Branche wenig überschaubar. Trotz moderner Informations- und Kommunikationstechnologien ist es für Nachfrager nach wie vor äußerst schwierig, aus der Fülle des Angebots die jeweils geeignete und qualitativ hochwertige Lösung zu finden. Die mangelnde Transparenz bezieht sich jedoch nicht nur auf die Nachfragerseite, auch die anbietenden IT-Unternehmen erkennen oft die Nachfragestrukturen und -trends nicht rechtzeitig und produzieren möglicherweise „am Markt vorbei".

Insbesondere jungen Unternehmen, so zeigen einschlägige Studien *[Achleitner,Everling: Existenzgründerrating, 2004]*, gelingt es oft nicht, rechtzeitig ihre Zielgruppe in die Produktentwicklung einzubeziehen. Fehlende, für den Abnehmerkreis repräsentative Kundenkontakte müssen durch „Networking" ausgeglichen werden. Zudem befinden sie sich in einer Art „Teufelskreis", was die Gewinnung von Großkunden betrifft: Ohne Referenzen findet ein junger Anbieter bei großen Unternehmen kein Gehör; dies wiederum verhindert, dass er Referenzkunden gewinnt. Der Vertrieb eines komplizierten und erklärungsbedürftigen Produkts wie Software stellt hohe Anforderungen an die betreffenden Mitarbeiter.

Untersuchungen haben auch gezeigt, dass nicht unbedingt die Produkte am erfolgreichsten sind, die technisch am anspruchsvollsten sind. Hier lässt sich allgemein ein Vergleich zu der Elektroindustrie herstellen, welche ja auch ihre Kunden mit immer mehr Technik oftmals überfordert.

Die meisten Kosten fallen bei der Erstellung von Software in der Forschung und Entwicklung an. So kann die Erstellung nicht nur Jahre dauern, sondern dort können auch schon bis zu 90 % der Kosten entstehen. Hohe Fixkosten stehen vernachlässigbaren variablen Kosten für die Vervielfältigung gegenüber. Eine genaue Budgetplanung ist daher für Softwareunternehmen von besonderer Bedeutung.

Programmcodes sind eigentlich kein physisches Produkt und können jederzeit verändert und wieder verwendet werden. Es entstehen keine Kosten für Ersatzteile, wohl aber für eventuelle Anpassungen durch Veränderung der Hardware oder aufgrund von Kompatibilitätsproblemen mit anderen Softwareprodukten.

Akzeptanz und Verständnis von Außenstehenden für die spezifische Situation von IT-Unternehmen sind oft ungenügend. Immobilien gelten als reale Wertgegenstände, der Wert eines winzigen Datenspeichers mit Software erscheint dagegen schwer zu ermessen. Das Aktivierungsverbot für das Anlagevermögen zeigt, dass auch der Gesetzgeber den langfristigen Wert einer Software nicht anzuerkennen vermag. Eine Bilanzierung im Umlaufvermögen hat zu erfolgen, falls die Software nur für Veräußerungszwecke erstellt wird.

Im Gegensatz zu Immobilien ist die Beleihung von Software kaum möglich, zumal es an einer akzeptierten Organisation von vereidigten Wertgutachtern fehlt, deren Urteile eine jedermann nachvollziehbare Bewertungsgrundlage bieten würden. Technologische Skills und problemorientierte Lösungskompetenz stehen in keiner Bilanz auf der Aktivseite.

1.2 Mindestanforderungen an das Kreditgeschäft

Für alle Bankkreditgeschäfte, gleich mit welchen Unternehmen, gelten die gleichen Mindestanforderungen.

Rechtliche Grundlagen

Das Erfordernis für Banken, auch jede Verbindung zu IT-Unternehmen einem Risikoklassifizierungsverfahren zu unterwerfen, ergibt sich aus Rundschreiben 34 / 2002 (BA) vom 20. Dezember 2002 der Bundesanstalt für Finanzdienstleistungsaufsicht.

Die BaFin ist eine bundesunmittelbare, rechtsfähige Anstalt des öffentlichen Rechts und unterliegt der Rechts- und Fachaufsicht des Bundesministeriums der Finanzen. Die Bundesanstalt hat die Aufgaben der ehemaligen Aufsichtsämter für das Kreditwesen, für das Versicherungswesen und für den Wertpapierhandel übernommen. Die BaFin ist nur im öffentlichen Interesse tätig. Ihr Hauptziel ist es, die Funktionsfähigkeit, Stabilität und Integrität des gesamten deutschen Finanzsystems zu sichern.

Hieraus lassen sich zwei weitere Ziele ableiten:

- Zum einen gilt es, die Zahlungsfähigkeit von Banken, Finanzdienstleistungsinstituten und Versicherungsunternehmen zu sichern (Solvenzaufsicht). Die BaFin soll dabei im Rahmen einer einheitlichen Aufsichtspraxis gleiche Regeln für gleiche Risiken entwickeln.
- Ein weiteres Ziel der BaFin ist es, Kunden und Anleger in ihrer Gesamtheit zu schützen und Verhaltensstandards durchzusetzen, die das Vertrauen der Anleger in die Finanzmärkte wahren (Marktaufsicht).

Nationales Aufsichtsrecht wird zunehmend durch internationale Standards geprägt. Im Rahmen ihrer nationalen Verantwortung vertritt die BaFin die deutschen Interessen in EU- und anderen internationalen Gremien.

Das genannte Rundschreiben stellt Mindestanforderungen, die von allen Kreditinstituten zur Begrenzung der Risiken aus dem Kreditgeschäft unter Berücksichtigung der jeweiligen Art und des Umfanges des Geschäfts zu beachten sind. Wegen der zentralen Bedeutung der Kreditentscheidung im Bankgeschäft werden an diese besondere Anforderungen gestellt. Es umfasst zudem bankübliche Standards für die Prozesse

- der Kreditbearbeitung,
- der Kreditbearbeitungskontrolle,
- der Intensivbetreuung,
- der Problemkreditbearbeitung sowie
- der Risikovorsorge.

Darüber hinaus gibt es einen Rahmen vor für die Ausgestaltung der Verfahren zur Identifizierung, Steuerung und Überwachung der Risiken aus dem Kreditgeschäft.

Angesichts der von der Bankenaufsicht geforderten „ganzheitlichen Risikobetrachtung" lag es auf der Hand, die existierenden Mindestanforderungen an die Banken in einem Regelwerk zusammenzufassen und dieses um weitere Elemente zu ergänzen, die in EU-Richtlinientexten hervorgehoben werden und für die bislang in Deutschland noch keine Rahmenvorgaben für Banken existierten (z. B. Zinsänderungsrisiko). Ergebnis dieser Zusammenführung und damit zugleich grundlegender Beurteilungsmaßstab der Aufsicht sind die „Mindestanforderungen an das Risikomanagement".

Funktionstrennung in Banken

Maßgeblicher Grundsatz für die Ausgestaltung der Prozesse im Kreditgeschäft der Banken ist die klare funktionale Trennung folgender Bereiche:

- Die Bereiche, die Geschäfte initiieren und bei den Kreditentscheidungen über ein Votum verfügen („Markt"): Das sind beispielsweise die Firmenkundenbetreuer, die mit IT-Unternehmen in Kontakt treten.
- Die Bereiche, die bei den Kreditentscheidungen über ein weiteres vom „Markt" unabhängiges Votum verfügen („Marktfolge"): Das sind beispielsweise die Kreditsachbearbeiter, die üblicherweise aufgrund der Aktenlage entscheiden müssen.

Die Überprüfung bestimmter Sicherheiten ist außerhalb des Bereichs „Markt" durchzuführen. Diese Zuordnung gilt auch für die Entscheidung über die Risikovorsorge bei bedeutenden Engagements. Bei DV-gestützter Kreditbearbeitung ist die Funktionstrennung durch entsprechende Verfahren und Schutzmaßnahmen sicherzustellen.

Ein überzeugender Auftritt beim zuständigen Firmenkundenbetreuer sichert dem IT-Unternehmen daher noch keinen Kredit. Erst wenn das unabhängige Votum des Kreditsachbearbeiters das gute Urteil des Firmenkundenbetreuers bestätigt und die Kriterien erfüllt werden, die ein gutes Rating erlauben, kann das IT-Unternehmen auf eine vorteilhafte Risikoklassifizierung hoffen.

Risikoklassifizierungsverfahren

In jedem Kreditinstitut sind nach Willen der BaFin aussagekräftige Risikoklassifizierungsverfahren für die erstmalige bzw. die turnusmäßige oder anlassbezogene Beurteilung des Adressenausfallrisikos sowie gegebenenfalls des Objekt- / Projektrisikos einzurichten. In den Organisationsrichtlinien sind Kriterien festzulegen, die im Rahmen der Beurteilung der Risiken eine nachvollziehbare Zuweisung u. a. auch von IT-Unternehmen in Risikoklassen gewährleisten. Ratings „aus dem Bauch heraus" werden so ausgeschlossen.

- Darüber hinaus haben Banken sicherzustellen, dass das Branchen- und gegebenenfalls das Länderrisiko in geeigneter Weise beurteilt werden kann.
- Für Entwicklung, Qualität und Überwachung der Anwendung der Risikoklassifizierungsverfahren beim Kunden dürfen nicht die Betreuer mit Kundenkontakt zu den IT-Unternehmen verantwortlich sein, sondern die Zuständigkeit muss außerhalb des Bereichs „Markt" angesiedelt sein.
- Maßgebliche Indikatoren für die Bestimmung des Adressenausfallrisikos im Risikoklassifizierungsverfahren müssen neben quantitativen, soweit möglich, auch qualitative Kriterien sein. Es ist insbesondere zu berücksichtigen, inwieweit der Kreditnehmer in der Lage ist, künftig Erträge zu erwirtschaften, um den ausgereichten Kredit zurückzuführen.
- Die Klassifizierungsverfahren sind in die Prozesse der Kreditbearbeitung, die Kompetenzordnung, die Risikovorsorge und die Intensität der Kundenbetreuung einzubinden.

1.3 Basel II

Für die meisten IT-Unternehmen in Deutschland wurde das Thema „Rating" in Zusammenhang mit dem Schlagwort „Basel II" bekannt. Damit wird das Rahmenwerk der neuen Baseler Eigenkapitalvereinbarung bezeichnet, das im Baseler Ausschuss für Bankenaufsicht bei der Bank für Internationalen Zahlungsverkehr (Bank for International Settlements, **www.bis.org**) verhandelt wurde.

Baseler Ausschuss für Bankenaufsicht

Der Baseler Ausschuss für Bankenaufsicht wurde Ende 1974 gebildet und setzt sich aus Vertretern der Länder Belgien, Deutschland, Frankreich, Großbritannien, Italien, Japan, Luxemburg, Niederlande, Schweden, Schweiz, Spanien und der USA zusammen. Jedes Land wird durch ihre Zentralbank bzw. durch die für die Bankenaufsicht zuständigen Instanzen vertreten. Der Ausschuss formuliert breit angelegte, allgemeine Standards und Richtlinien für die Bankenaufsicht und gibt Empfehlungen für die Aufsichtspraxis ab. Die beteiligten Staaten setzen diese in der für die jeweilige Jurisdiktion geeigneten Form um.

- Gemäß der am 11. Juli 1988 beschlossenen Baseler Empfehlung zur Eigenkapitalkonvergenz wurde zur internationalen Angleichung der bankenaufsichtsrechtlichen Vorschriften über die Eigenkapitalausstattung von Banken ein Mindeststandard von 8 % für das Verhältnis zwischen Eigenkapital zu risikogewichteten Aktiva einer Bank festgelegt.
- Adressenausfallrisiken im Kreditgeschäft mit Unternehmen wurden undifferenziert mit 100 % angesetzt.

Besorgt um die falschen Anreize, die durch diese Gleichbehandlung guter wie auch schlechter Kreditrisiken bei Banken gesetzt wurden, setzten sich die Bankenaufsichtsbehörden der führenden Industrienationen seit 1998 für eine differenziertere Bonitätsrisikoklassifizierung ein. Neben dem aufsichtsrechtlichen Erfordernis wird jedoch von Banken auch die ökonomische Notwendigkeit gesehen, die Kreditwürdigkeit durch anspruchsvollere Methoden in einem Rating abzubilden und daran die Konditionengestaltung für den Kreditnehmer zu koppeln. Die Kosten des Eigenkapitals sind in Zinsen und (z. B. Aval-) Gebühren zu berücksichtigen. Daher fanden die mit „Basel II" bezeichneten Vorschläge der Bankenaufseher letztlich auch unter Banken breite Akzeptanz.

Drei Säulen nach Basel II

Eine risikoadäquate Eigenkapitalausstattung kann die Solvenz einer Bank und die Stabilität des Bankensystems alleine nicht gewährleisten. Entscheidend ist letztlich das von der Geschäftsleitung bestimmte Risiko- und Ertragsprofil einer Bank in Verbindung mit deren Fähigkeit, die eingegangenen Risiken zu steuern und dauerhaft zu tragen. Der Baseler Ausschuss will daher darauf hinwirken, dass die bankeigenen (internen) Risikosteuerungssysteme weiter verbessert und diese durch die zuständigen Aufsichtsinstanzen überprüft werden. Der neue Baseler Eigenkapitalakkord besteht daher aus drei sich gegenseitig ergänzenden Säulen, um die Stabilität des nationalen und des internationalen Bankensystems besser abzusichern.

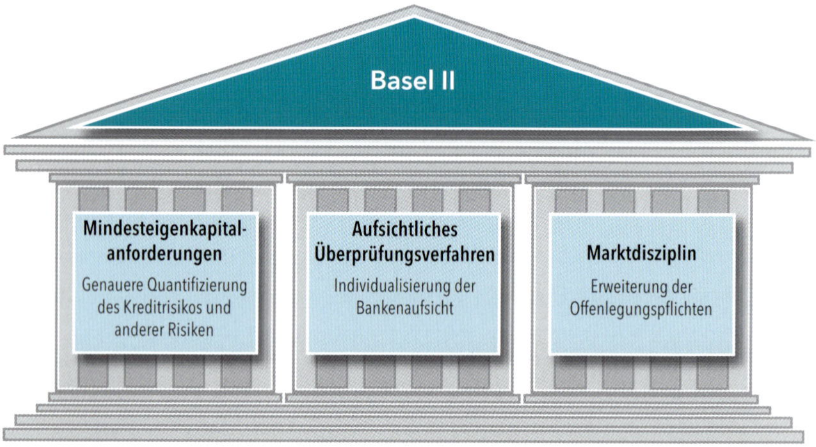

Die Einhaltung der Eigenkapitalanforderungen nach Basel II (ab Ende 2006) wird zwar wie bisher anhand des so genannten Kapitalkoeffizienten gemessen, der mindestens 8 % betragen muss. Während bei der Definition des Kapitalbegriffs keine Änderungen vorgesehen sind und auch der Mindestkapitalkoeffizient von 8 % unverändert bleibt, werden die bisherigen Risikoarten Kreditrisiko und Marktrisiko aber um das operationelle Risiko ergänzt, das künftig explizit mit Kapital zu unterlegen sein wird.

Mit „**Säule 1**" werden die **Mindestkapitalanforderungen** an Banken bezeichnet. Die Neuerungen der Säule 1 betreffen Verbesserungen bei der Risikomessung. Für die Bemessung des Kreditrisikos werden zwei grundlegende Möglichkeiten vorgeschlagen:

- eine Standardmethode und
- zwei Varianten eines auf internen Ratings basierenden Ansatzes (IRB-Ansatz).

Für IT-Unternehmen ist aus diesen Regelungen vor allem die Bestimmung entscheidend, dass künftig die Eigenmittelunterlegung im Bankkreditgeschäft – nach Vorentscheidung der jeweiligen Bank – entweder an das Rating unabhängiger Agenturen oder an das bankintern erteilte Rating gekoppelt werden kann.

Als „**Säule 2**" wird das so genannte „**Aufsichtliche Überprüfungsverfahren**" bezeichnet, der "Supervisory Review Process" (SRP). Hier wird die Notwendigkeit einer qualitativen Bankenaufsicht besonders betont. Die Banken sollen ermutigt werden, ihre internen Verfahren zur Beurteilung der institutsspezifischen Risikosituation sowie einer angemessenen Kapitalausstattung kontinuierlich zu verbessern. Gleiches gilt für die ständige Anpassung und Weiterentwicklung neuerer Methoden des Risikomanagements und der internen Kontrollen.

Das aufsichtliche Überprüfungsverfahren soll externe Faktoren, zum Beispiel den Einfluss der Konjunkturentwicklung, und solche Risikobereiche abdecken, die bei der Berechnung der Mindesteigenkapitalanforderungen nicht beziehungsweise nicht vollständig berücksichtigt wurden (z. B. Zinsänderungsrisiken im Anlagebuch und Unsicherheiten bei der Bemessung operationeller Risiken). Letztlich bewerten die Bankenaufseher die Fähigkeit der Banken, ihre eingegangenen Risiken zu identifizieren, zu messen, zu steuern und zu überwachen. Im internationalen Kontext sollen nicht nur wichtige Regeln, wie zum Beispiel die Kapitalanforderungen an Banken, sondern auch die Aufsichtspraktiken stärker harmonisiert werden, damit vergleichbare Wettbewerbsbedingungen für die Banken verschiedener Länder bestehen.

Zu den Vorschriften

- über die **Mindestkapitalanforderungen** (Säule 1)
- und den **bankenaufsichtlichen Überprüfungsprozess** (Säule 2)
- kommen **Transparenzanforderungen** (Säule 3)

hinzu, die eine komplementäre Nutzung der Marktmechanismen für bankenaufsichtliche Ziele ermöglichen sollen.

„**Säule 3**" betrifft die **erweiterte Offenlegung und Marktdisziplin**. Dem liegt die Erwartung zu Grunde, dass gut informierte Marktteilnehmer eine risikobewusste Geschäftsführung und ein wirksames Risikomanagement von Kreditinstituten in ihren Anlage- und Kreditentscheidungen honorieren beziehungsweise risikoreicheres Verhalten entsprechend sanktionieren. Für die Kreditinstitute ergibt sich daraus ein zusätzlicher Anreiz, ihre Risiken zu kontrollieren und effizient zu steuern. Inhaltlich beziehen sich die Transparenzvorgaben auf die Anwendung der Eigenkapitalvorschriften, das Eigenkapital (Ausstattung und Struktur) sowie die quantitative und qualitative Darstellung des eingegangenen Risikos.

Drei Ratingansätze nach Basel II

Ab 1. Januar 2007 können Institute und Institutsgruppen ihre Kreditrisiken mittels eigener Ratingsysteme messen und darauf aufbauend die regulatorischen Eigenkapitalanforderungen bestimmen. Hierbei handelt es sich um den auf Internen Ratings Basierenden Ansatz (IRB-Ansatz). Hierfür ist eine Zulassung durch die BaFin erforderlich. Für das interne Rating können für zwei verschiedene Varianten Anträge gestellt werden. Zum einen für den Basisansatz, zum anderen für den fortgeschrittenen Ansatz. Letzterer unterscheidet sich vom Basisansatz dadurch, dass bestimmte Parameter, die beim Basisansatz von der nationalen Bankenaufsicht vorgegeben werden, beim fortgeschrittenen IRB-Ansatz von der Bank selbst geschätzt werden dürfen.

Nach Ergebnis einer Bankenumfrage der BaFin muss damit gerechnet werden, dass die Mehrzahl der Banken zunächst keinen Antrag auf Anerkennung ihres internen Ratingansatzes stellen wird. Insbesondere dürften sich nur wenige Institute für den fortgeschrittenen Ansatz qualifizieren. Für alle Institute, die von den Möglichkeiten des IRB-Ansatzes keinen Gebrauch machen wollen, gilt automatisch der Standardansatz.

Nach dem Standardansatz wird die Eigenmittelunterlegung im Kreditgeschäft der Banken von externen Ratings abhängig gemacht. IT-Unternehmen, deren kreditgebende Banken nach dem Standardansatz arbeiten, können sich durch Ausweis eines guten Ratings einer unabhängigen Agentur Vorteile verschaffen.

Zur Wahrnehmung dieser Vorteile sind jedoch einige Hürden zu überwinden, sonst bleibt es bei der höheren Belastung:

- Das IT-Unternehmen muss sich dem gebührenpflichtigen Verfahren der Ratingagentur unterziehen.
- Das IT-Unternehmen muss sich selbst um die Berücksichtigung seines Ratings bei seiner Bank bemühen.
- Die Bank muss bei der BaFin einen Antrag auf Anerkennung der Ratingagentur stellen, deren Ratings Berücksichtigung finden sollen.

- Die BaFin muss die Ratingagentur als „Externe Bonitätsbeurteilungsinstitution" (External Credit Assessment Institution, ECAI) nach vorgegebenen Kriterien anerkennen.
- Die Bank muss Ratings der anerkannten Agentur dann einheitlich anwenden.

Die Berücksichtigung eines externen Ratings kann eine bis zu 80 % niedrigere Eigenmittelunterlegung - mit entsprechenden Zinsmargenvorteilen - zur Folge haben.

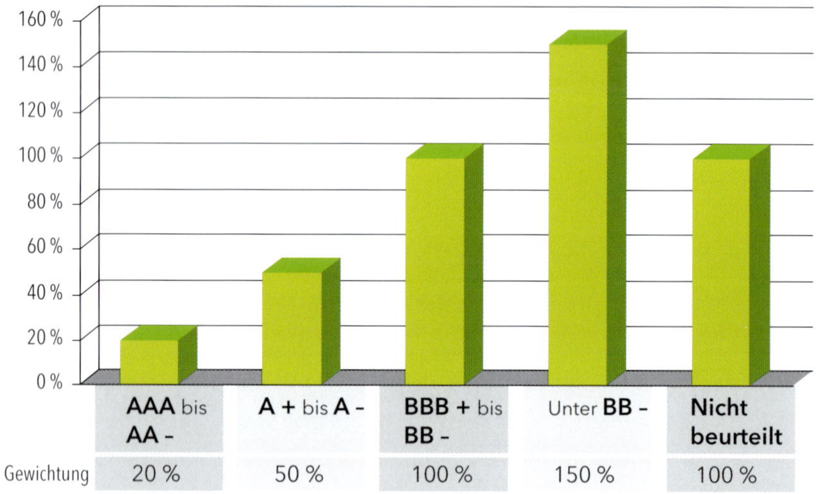

Gewichtung von Krediten an Unternehmen

Eine Gewichtung von 20 % bedeutet, dass nur 20 % von 8 %, das sind 1,6 %, für Zwecke der Eigenmittelberechnung herangezogen werden. Entsprechend niedriger sind die Eigenkapitalkosten der Bank.

1.4 Rating als Visitenkarte des Unternehmens

Die regulatorischen Verwendungen der Ratings auch für IT-Unternehmen sind nur Konsequenz von Entwicklungen, die bereits seit einigen Jahrzehnten die internationalen Finanzmärkte prägen:

- Die Internationalisierung der Finanzmärkte lässt das Bedürfnis nach verlässlichen Bonitätsinformationen steigen.
- Steigende Insolvenzzahlen führen phasenweise zu einer „Flucht in die Qualität" und lassen es für Emittenten zunehmend attraktiv erscheinen, sich selbst bei geringfügigen Bonitätsunterschieden von anderen Emittenten durch ein Rating abzuheben.
- Deregulierungen führen zu einer erhöhten Eigenverantwortlichkeit von Investoren, die deshalb ihr Credit Research durch Rating professionalisieren müssen.
- Liberalisierungen erlauben den Zutritt neuer Marktteilnehmer, die sich auf externe Ratingagenturen zur Ergänzung ihrer analytischen Kapazitäten stützen.
- Disintermediation führt zu direkten Gläubiger-Schuldner-Beziehungen, in denen Ratingagenturen Finanzintermediäre substituieren.
- Zunehmende Institutionalisierung der Kapitalmärkte, die im wachsenden Anteil institutioneller Investoren ihren Reflex findet, lässt das Bedürfnis nach reportingfähigen, dokumentierbaren Bonitätsurteilen wie dem Rating wachsen.
- Die Globalisierung der Geld-, Kredit- und Kapitalmärkte, das heißt die Verwischung der Marktgrenzen, führt zu einer Übertragung der Marktusancen, so auch bezüglich des an den Bondmärkten gebräuchlichen Ratings.
- Finanzinnovationen stützen sich in wachsendem Maße auf Ratings.
- Das zunehmende Volumen der Verbriefungen (Asset-Backed Securities) wäre ohne Ratings durch unabhängige Agenturen kaum denkbar.

- Ratings finden in immer mehr risikoadjustierten Zinsänderungsklauseln Berücksichtigung.
- Computer erlauben ständig neue analytische Betrachtungsweisen und Auswertungen, die sich auf Ratings stützen.
- Neue Kommunikationstechnologien lassen den Bedarf an Ratings rasch wachsen, durch die in der Datenflut relevante Informationen schnell und gezielt selektiert werden können.

An den internationalen Finanzmärkten hat sich Rating daher längst zur finanziellen „Visitenkarte" von Emittenten aller Art entwickelt, insbesondere auch für große IT-Unternehmen wie Microsoft oder Oracle. Gleich ob Banken, Versicherungen, öffentliche Körperschaften, Staaten oder Unternehmen, Ratings geben eine schnelle Orientierung über die Ausfallgefährdung von Forderungen gegen diese Schuldner. Selbst Schulen, Universitäten oder gemeinnützige Organisationen unterziehen sich einem Rating, wenn sie Fremdmittel zur Finanzierung ihrer Tätigkeiten aufnehmen.

So bietet ein Rating auch für IT-Unternehmen die Chance, anhand eines einfachen Symbols die Finanzkraft jedermann deutlich zu machen. Ratings helfen insbesondere in der Kontaktaufnahme und in der Kommunikation mit neuen Kapitalgebern, die durch das Urteil einer unabhängigen Agentur eine Hilfestellung in der eigenen Urteilsbildung erhalten.

1.5 Fazit

Ratings gewinnen für jedes IT-Unternehmen an Bedeutung. Gerade IT-Unternehmen sind für ihre Kreditgläubiger, Kapitalgeber, Kunden und Lieferanten meist schwer zu beurteilen. Vergleichsweise geringwertige oder fehlende traditionelle Sicherheiten machen die Beurteilung der Zukunftsperspektiven des Unternehmens zum zentralen Gegenstand der Kreditwürdigkeitsprüfung.

Es gehört zu den Mindestanforderungen an das Kreditgeschäft der Kreditinstitute, jeden Kreditnehmer einer Risikoklassifizierung zu unterziehen. Außerdem werden Banken nach den neuen Eigenkapitalrichtlinien nach Basel II dazu angehalten, das - gemessen an dem erteilten Rating - eingegangene Kreditrisiko besser zu berücksichtigen.

IT-Unternehmen in Hessen werden sich den internationalen „Spielregeln" der Finanzmärkte nicht entziehen können. Daher lohnt es sich, die neuen Regeln zu verstehen und zum Vorteil der Unternehmen zu nutzen.

2 Ratingskalen, Begriffe und Definitionen

Obwohl Ratingagenturen in den USA schon früh über Statistiken verfügten, die die Leistungsfähigkeit ihrer Ratingsysteme und die Relevanz ihrer Risikoklassifizierungen gerade auch in Krisenzeiten über Jahrzehnte hinweg bewiesen, blieb der Ratinggedanke in Deutschland - möglicherweise auch vor dem Hintergrund der nach § 795 und § 808a BGB bis 1990 notwendigen staatlichen Emissionsgenehmigung für Inhaber- und Orderschuldverschreibungen - gänzlich unbeachtet. Auch als die Herausforderungen der Ölkrise zu bewältigen waren und von Vertretern der nationalen Zentralbanken der G-10-Länder (heute 13 Mitgliedsländer) mit dem Ziel der Stabilisierung des internationalen Finanzsystems der Baseler Ausschuss für Bankenaufsicht gegründet wurde, veröffentlichte 1975 Standard & Poor's zwar erstmalig auch ein Rating für ein deutsches Unternehmen, die Siemens AG. Motiv der wenigen Emittenten für die seitdem bis etwa Ende der 1980er Jahre erteilten Ratings war jedoch einzig, Zugang zu den US-amerikanischen Kapitalmärkten, später auch, zu den Euromärkten zu erhalten.

Erst 1986 eröffnete Moody's in London das erste europäische Büro, nachdem in Großbritannien IBCA Limited - nach Zusammenschlüssen heute: Fitch Ratings - 1978 damit begonnen hatte, zunächst Banken, später auch Unternehmen international nach ihrer Finanzkraft zu klassifizieren. Ende der 1980er Jahre setzte weltweit eine Welle der Gründung von Ratingagenturen ein.

2.1 Begriff des Ratings

Gemeinsamer Gedanke fast aller Ratings - gleich ob für Kredite oder für Anleihen - ist die Klassifizierung von Kreditrisiken anhand ordinaler, das heißt mehrstufiger Skalen in der Art einer Schulnote. Das grundlegende Prinzip ist daher so einfach, dass es buchstäblich von jedem Schulkind verstanden werden kann. Wer die besten Zensuren erhält, dem werden beste Erwartungen hinsichtlich seiner Leistungsfähigkeit bescheinigt. Umgekehrt wird am anderen Ende der Skala das „Versetzungszeugnis verweigert", wenn kaum Aussichten auf Erfüllung des Leistungsversprechens bestehen.

Rating durch unabhängige Agenturen

Unter einem (langfristigen) Credit Rating internationaler Agenturen versteht man die durch Symbole ordinaler, das heißt mehrstufiger Skalen ausgedrückte Meinung über die wirtschaftliche Fähigkeit, rechtliche Bindung und Willigkeit eines Schuldners, langfristig seinen zwingend fälligen Zahlungsverpflichtungen stets vollständig und rechtzeitig nachzukommen.

Im einfachsten Fall bezieht sich das Rating auf einen „IOU" – Englisch „I owe you" = „Ich schulde Ihnen / Dir", nämlich auf ein gegenüber anderen Verbindlichkeiten desselben Schuldners nicht nachrangiges, aber unbesichertes Schuldversprechen auf Zahlung eines bestimmten Geldbetrags, denominiert in Euro oder in einer anderen Währung. Die Frage, ob ein IT-Unternehmen sein Zahlungsversprechen halten wird, hängt aus Sicht eines Gläubigers insbesondere von drei Faktoren ab. Was kann bis zum Fälligkeitszeitpunkt geschehen sein?

- Dimension „**Wirtschaftliche Fähigkeit**": Der Schuldner ist wirtschaftlich nicht mehr fähig, seine zwingend fälligen Zahlungsverpflichtungen uneingeschränkt zu erfüllen. So gibt es möglicherweise für die erstellte Software keinen Markt mehr, da sich z. B. andere Technologien oder Verfahren als überlegen erwiesen haben.
- Dimension „**Rechtliche Bindung**": Auch wenn der Schuldner wirtschaftlich fähig ist, seine Zahlungsverpflichtungen uneingeschränkt zu erfüllen, kann es aus Gläubigersicht zu einer Zahlungsstörung kommen, wenn die Forderung rechtlich nicht durchgesetzt werden kann. Mithin kommt es auch auf die Betrachtung von möglicherweise beim IT-Unternehmen bestehende Konzernverflechtungen, von Haftungsverbünden, Garantien und Patronatserklärungen von Muttergesellschaften an.
- Dimension „**Willigkeit**": Neben der wirtschaftlichen Fähigkeit und rechtlichen Bindung ist auch die Zahlungswilligkeit des Schuldners zu beachten. So kann der Schuldner möglicherweise zwar wirtschaftlich fähig und rechtlich gebunden, aber nicht willig sein, seine Zahlungsverpflichtungen vollständig und rechtzeitig zu

erfüllen. Für den Gläubiger ist jede Zahlungsverzögerung ein Nachteil bzw. ein Risiko. Insbesondere in Entwicklungsländern sowie beim Rating von Staaten muss der Frage der Willigkeit besondere Beachtung geschenkt werden, um zu einem treffenden Urteil zu gelangen.

Da die Systeme der Ratingagenturen zunächst nur für die Bedürfnisse der Kapitalmärkte entwickelt wurden, standen stets die Charakteristika einzelner Finanzinstrumente wie Inhaberschuldverschreibungen analytisch im Vordergrund. Hierbei spricht man vom so genannten Emissionsrating.

Dem gegenüber steht das Emittentenrating oder Unternehmensrating, wobei „Emittentenrating" der weitere Begriff ist, denn als Emittenten werden nicht nur (Industrie-) Unternehmen, sondern insbesondere auch Banken, Versicherungsgesellschaften, öffentliche Versorgungsunternehmen und Körperschaften, Gebietskörperschaften bis hin zu Staaten geratet. Wenn von „dem" Rating eines Unternehmens die Rede ist, ist meist das Emittentenrating gemeint.

Je nach Laufzeit des Finanztitels bzw. je nach Betrachtungshorizont werden kurz- und langfristige Ratings unterschieden. Kurzfristige Ratings beziehen sich auf Titel, die eine Emissionslaufzeit von höchstens einem Jahr aufweisen, alle Laufzeiten darüber werden von den führenden Agenturen mit Langfristratings bedacht, die auf einen Prognosehorizont von vier bis fünf Jahren ausgelegt sind. Nur wenige Agenturen, z. B. in Indien, unterscheiden darüber hinaus auch mittelfristige Ratings (Laufzeiten von zwei bis drei Jahren).

Der Begriff „Rating" ist nicht gesetzlich geschützt. Anders als der Begriff „Bank" oder „Sparkasse" kann der Begriff „Rating" bis heute frei und von jedermann verwendet werden. Auch im angelsächsischen Sprachraum gibt es keinen besonderen Schutz für das Wort „rating", zumal das Wort nicht nur im Bankwesen, sondern auch im Versicherungswesen, in der Technik, in der Luftfahrt, in der Botanik, in der Nautik und in vielen anderen Bereichen spezifische Bedeutungen hat.

Das englische Substantiv „rating" kann je nach Kontext u. a. auch wie folgt übersetzt werden: Auslegung, Bemessung, Bemessungsdaten, Bemessungsspannung, Berechtigung, Beurteilung, Bewertung, Bezugswert, Bonitur, Boniturnote, Dimensionierung, Einheitsleistung, Einschätzung, Einstufung, Güte, Leistung, Leistungsbilanz, Leistungsfähigkeit, Nennbetrieb, Nenngrößen, Rangfolge, Schätzung, Tarifierung, Taxierung, Zulassung. Als „rating" kann auch ein Schiffsmann bezeichnet werden.

Dementsprechend bezeichnen sich als „Ratingagenturen" sehr unterschiedliche Institutionen. Allein für das Rating von Unternehmen bieten unterschiedliche Organisationen ihre Dienste an, die von weltweit angesehenen und anerkannten Agenturen bis hin zu „Geschäftemachern" reichen.

Während in mathematisch-statistischen Ratingsystemen das Rating aus der rechnerischen Verknüpfung mehrerer Variablen abgeleitet wird, sind bei den implementierten Ratingsystemen der führenden Agenturen mehrere Analysestufen gedanklich und praktisch zu trennen. Im Rahmen der Länderrisikoanalyse wird eine Obergrenze möglicher Ratings bestimmt. Eine weitere, wenn auch weniger strikte Obergrenze wird durch die Branchenanalyse definiert. Schließlich wird unterhalb dieser Grenzen im Wege der Emittentenanalyse eine Bandbreite möglicher Ratings ermittelt, um schließlich unter Berücksichtigung der Ausstattungsmerkmale der zu beurteilenden Emission das Rating festzulegen. Aus einer Vielzahl von Faktoren, die als prinzipiell bonitätsbeeinflussend erkannt werden, werden auf diese Weise diejenigen ausgewählt, die im Einzelfall für das Rating als bestimmend angesehen werden müssen.

Die ausführliche Behandlung des Themas „Rating durch unabhängige Agenturen" ist nicht Bestandteil dieser Druckversion des Leitfadens „Basel II - Rating für IT-Unternehmen". Das Kapitel kann in der Online-Version unter **www.hessen-it.de** nachgelesen werden.

Bankinternes Rating nach Basel II

Von einem bankinternen Rating spricht man, wenn ein Rating für interne Zwecke eines Kreditinstituts erstellt wird. Aufgrund der von der BaFin erlassenen Mindestanforderungen an das Kreditgeschäft müssen Banken in jedem Fall über interne Risikoklassifizierungssysteme verfügen, um jedes eingegangene Engagement hinsichtlich der Ausfallwahrscheinlichkeit zu kategorisieren.

- Das Rating wird als „intern" bezeichnet, da es nicht zur Veröffentlichung bestimmt ist und allenfalls dem beurteilten Kunden gegenüber offen gelegt wird.
- Ein Recht darauf besteht jedoch auch für den betroffenen Kunden bisher nicht.
- Am Vergleich des eigenen Ratings mit den Ratings anderer IT-Unternehmen hindert das Bankgeheimnis.

Obwohl sich viele Banken bei der Ausgestaltung ihrer internen Ratings an den Vorbildern von unabhängigen Agenturen orientierten, bestehen zwischen den Ratingansätzen erhebliche Unterschiede. Bankinterne Ratings werden als Klassifikationen von „Ausfallwahrscheinlichkeiten" betrachtet. Jedem Schuldner wird genau eine Ausfallwahrscheinlichkeit (Probability of Default, PD) zugeordnet. Bankinterne Ratings beruhen auf der Fiktion eines Zwei-Zeitpunkt-Modells: Es interessiert nur der Zeitpunkt heute und in einem Jahr. Mit welcher Wahrscheinlichkeit kommt der Schuldner binnen Jahresfrist seinen bis dahin bestehenden Zahlungsverpflichtungen vollständig nach?

Zwar werden langfristige Durchschnitte herangezogen, um die einjährigen Ausfallwahrscheinlichkeiten zu schätzen, und in der Regel Daten aus drei Jahren berücksichtigt, jedoch geht es im bankinternen Rating nach Basel II letztlich nur um einjährige Ausfallraten. In der Sprache der Ratingagenturen würden solche Ratings als „kurzfristig" bezeichnet, da sie die längerfristigen Zukunftsperspektiven außer Acht lassen.

Für IT-Unternehmen folgt aus dieser Legaldefinition, dass die Argumentation mit den längerfristigen Perspektiven zwar hilfreich sein kann, letztlich aber beim bankinternen Rating entscheidet, wie hoch die Ausfallwahrscheinlichkeit binnen Jahresfrist anzusetzen ist. Eventuelle Zusagen des Kundenbetreuers, auch langfristige Aspekte zu berücksichtigen, sind für die Bankenaufsicht nicht maßgeblich.

Sonstige Ratingformen

Neben den hier genannten Arten des Kreditratings gibt es noch zahlreiche weitere Ratingformen. So werden Ratings auch unter ethischen, ökologischen und sozialen Aspekten als so genannte „Nachhaltigkeitsratings" erteilt. Empirische Untersuchungen über den Zusammenhang von Nachhaltigkeitsratings und Börsenkursentwicklungen zeigen, dass solche Unternehmen langfristig eine bessere Performance aufweisen, die auch nach ethischen, ökologischen und sozialen Kriterien erfolgreich wirtschaften. Als einzige (von ca. 40 Agenturen weltweit) in Deutschland ansässige, unabhängige Ratingagentur ist die oekom research AG in München auf derartige Klassifizierungen spezialisiert (**www.oekom-research.de**).

Spezielle Formen von Kreditratings finden sich auch für Einzweckgesellschaften, die allein zu Finanzierungszwecken gegründet werden und Ratings für verbriefte Forderungen erhalten. Ferner geben Fondsratings Auskunft über die Wahrscheinlichkeit, dass ein Fondsanbieter das für einen Fonds abgegebene Leistungsversprechen zu halten vermag.

Fazit

Wie Banken, Versicherungen und Auskunfteien sind auch Ratingagenturen an einem möglichst treffgenauen Bonitätsurteil interessiert. Im Unterschied zu Banken ist das Rating bei Ratingagenturen nicht lediglich zwangsläufige Voraussetzung des Kreditgeschäfts, sondern Kernleistung der Agentur. Da sie durch „fehlerhafte" Ratings einen Ruf und damit ihre Geschäftsbasis zu verlieren haben, legen Ratingagenturen größten Wert auf eine umfassende, ganzheitliche Analyse des Unternehmens und die Berücksichtigung aller Faktoren, die auf die Zahlungsfähigkeit und -willigkeit eines Unternehmens einwirken.

Im Unterschied zu Auskunfteien werden Ratingagenturen in der Regel nicht von dem Auskunftsuchenden, sondern von dem zu beurteilenden Unternehmen selbst gegen Gebühr beauftragt. Nach Basel II wachen über die Tätigkeit der Ratingagenturen die nationalen Aufsichtsinstanzen, um Unabhängigkeit, Glaubwürdigkeit, Objektivität, Transparenz und andere Eigenschaften der Ratingagenturen sicherzustellen.

2.2 Rating in der Sprache der Finanzmärkte

Im Kern ist „Rating" nicht eine bestimmte Methode oder ein spezifisches Modell, sondern eine Sprachregelung. Wie bei der Messung von Temperaturen können beim Rating unterschiedliche Skalen zur Anwendung kommen - nach Grad Celsius oder Fahrenheit. An der tatsächlichen Temperatur ändert es nichts, ob diese anhand der einen oder der anderen Skala gemessen wird. Es ist lediglich eine Frage der Konvention, nach welcher Skala der „Wetterbericht" gegeben wird.

Die Mehrzahl der mehr als 200 Ratingagenturen weltweit verwenden die in gut 110 Ländern der Welt bekannten und seit fast einem Jahrhundert gebräuchlichen Ratingskalen von AAA, AA, A, BBB, usw. Das Rating ist Schlüssel zum Verständnis der Konditionengestaltung, Sicherheitenbestellung bis hin zu ablauforganisatorischen Besonderheiten. Banken ziehen es vor, ihre institutsspezifischen Ausfallklassen mit eigenen Symbolen zu benennen. Die Institutsgruppen in Deutschland verwenden zumeist nicht die international verbreiteten Skalen und Symbole, sondern jeweils eigene Darstellungsformen, obwohl letztlich nach Basel II doch das Gleiche gemeint sein soll.

Die Initiative Finanzstandort Deutschland (IFD), eine Aktionsgruppe der Finanzbranche unter Mitwirkung des Bundesfinanzministers und der Bundesbank, hat seit ihrer Gründung Mitte 2003 auch einen Vorschlag zu bankinternen Ratings erarbeitet. Die Mitglieder der IFD, Marktpraktiker aus allen Sektoren der Kreditwirtschaft, sowie der Versicherungen, der Auslandsbanken, der Deutschen Börse, der Bundesbank und dem Finanzministerium, konzentrieren sich auf innovative und umsetzbare Konzepte und Produkte und ihre zügige Implementierung.

Banken haben sich im Rahmen der IFD verpflichtet, ihre bankinternen Ratings zum Zentrum der Kommunikation mit dem Kunden zu machen, insbesondere im Hinblick auf die Preisgestaltung. Daher wurde - mit dem Mittelstand als Zielgruppe - ein sechsstufiges Ratingraster geschaffen, das die Kundenbonität in Abhängigkeit des Ausfallrisikos (Probability of Default = PD) darstellt. Dies soll mittelständischen Unternehmen den Quervergleich der bankinternen Ratings anhand einer objektivierten und transparenten Werteskala ermöglichen.

Ratingstufe	Beschreibung	PD Bereich
I	Unternehmen mit sehr guter bis guter Bonität	Bis 0,3 %
II	Unternehmen mit guter bis zufriedenstellender Bonität	0,3 bis 0,7 %
III	Unternehmen mit befriedigender bzw. noch guter Bonität	0,7 bis 1,5 %
IV	Unternehmen mit überdurchschnittlichem bis erhöhtem Risiko	1,5 bis 3 %
V	Unternehmen mit hohem Risiko	3 bis 8 %
VI	Unternehmen mit sehr hohem Risiko	Ab 8 %

IFD-Ratingskala

Sparkassen und Landesbanken

Sparkassen und Landesbanken bearbeiten Firmenkunden, Gewerbekunden, Existenzgründer, Freie Berufe wie auch die Finanzierung von Immobilien gemeinsam. Daher wurde für dieses gemeinsame Portfolio in der Sparkassenorganisation ein gemeinsames Ratingsystem entwickelt. Landesbanken haben darüber hinaus auch Länder, Banken, Multinationale sowie große Projekte durch eigene Ratingansätze oder mit Hilfe der Ratings unabhängiger Agenturen hinsichtlich der Risiken zu klassifizieren, während Sparkassen auch ein Rating bzw. Scoring für Privatkunden einsetzen. Für IT-Unternehmen ist das einheitliche Verbundrating maßgeblich, sofern die betreffende Sparkasse mit dem Ratingsystem des Deutschen Sparkassen- und Giroverbandes (DSGV) arbeitet und nicht ein eigenes System einsetzt.

Masterskala		Externe Ratings	
Klassen	PD in (BP)	S & P	MOODY'S
1	1	AAA	Aaa
	2	AA+	Aa1
	3	AA	Aa2
	4	AA-	Aa3
	5	A+	A1
	7	A	A2
	8	A-	A3
2	12	BBB+	Baa1
3	17		Baa2
4	30	BBB	
5	40	BBB-	Baa3
6	60	BB+	
7	90		Ba1
8	130	BB	Ba2
9	200	BB-	
10	300	B+	Ba3
11	440		B1
12	670	B	B2
13	1000	B-	B3
14	1500		
15	2000	CCC	
16	Nur EWB		
17	Abgabe an die Rechtsabteilung		
18	Eröffnetes Insolvenzverfahren	D	

DSGV-Ratingskala

Volksbanken und Raiffeisenbanken

Volksbanken und Raiffeisenbanken gehören in Deutschland zu der Institutsgruppe mit den meisten Mitgliedsinstituten. Daher bot es sich auch für den Bundesverband Deutscher Volksbanken und Raiffeisenbanken an, für seine Mitglieder eine einheitliche Lösung - das so genannte BVR-Rating - zu schaffen. Dieses wird nach folgender Skala ermittelt:

Die Ratingskala der Volksbanken und Raiffeisenbanken enthält 20 + 5 Ratingklassen

1a	1b	1c	1d	1e	Ausfallraten von 0,01 bis 0,05 %
2a	2b	2c	2d	2e	Ausfallraten von 0,07 bis 0,35 %
3a	3b	3c	3d	3e	Ausfallraten von 0,50 bis 2,60 %
4a	4b	4c	4d	4e	Ausfallraten von 4,00 bis 20,00 %
5a	5b	5c	5d	5e	Ausfallrate von 100 %

BVR-Ratingskala

Großbanken und sonstige Privatbanken

In den Großbanken wird teilweise schon seit Ende der 1980er Jahre mit Ratingskalen gearbeitet. Aus der Initiative Finanzstandort Deutschland (IFD) ist folgende Gegenüberstellung der Ratings der Großbanken, der KfW sowie der PD-Bereiche bekannt:

IFD Ratingstufe	Commerzbank	Dresdner Bank	HypoVereinsbank	KfW Bankengruppe	PD Bereich
I	1,0 bis 2,4	1 bis 5	1+ bis 3-	M1 bis M7	Bis 0,3 %
II	2,6 bis 2,8	6 bis 7	3- bis 4-	M8 bis M9	0,3 bis 0,7 %
III	3,0 bis 3,4	8	4- bis 5-	M10 bis M11	0,7 bis 1,5 %
IV	3,6 bis 3,8	9 (ggf. 10)	5- bis 6	M12 bis M13	1,5 bis 3 %
V	4,0 bis 4,8	(ggf. 10) 11	6 bis 7	M14 bis M15	3 bis 8 %
VI	ab 5,0	12 bis 14	> 7	M16 bis M20	Ab 8 %

Gegenüberstellung der Ratingskalen

Der Zusammenhang mit den Ratings unabhängiger Agenturen sei exemplarisch anhand folgender Darstellung der Ratings der Commerzbank AG sowie der Ratings der Agentur Standard & Poor's verdeutlicht:

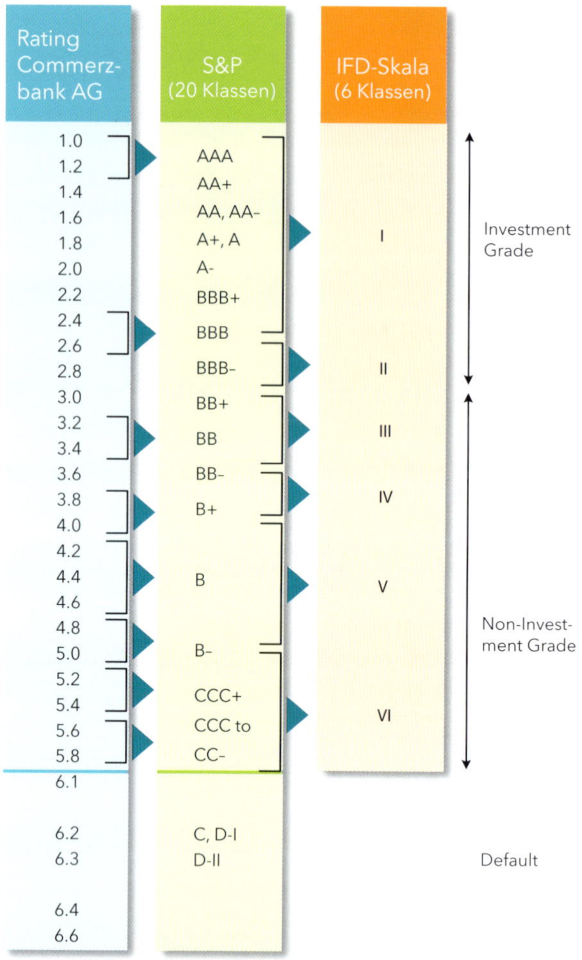

Ratingskala der Commerzbank

2.3 Ratingdefinitionen

Anders als Banken und die Bankenaufsicht definieren Ratingagenturen ihre Ratingskalen nicht lediglich durch Angabe jeweils einer Ausfallwahrscheinlichkeit für jedes Ratingsymbol. Die Angabe einer Ausfallwahrscheinlichkeit suggeriert nach Ansicht von Ratinganalysten eine Scheingenauigkeit, die schnell durch die Statistik widerlegt werden könnte.

Daher ziehen es Ratingagenturen vor, die Charakteristika eines Schuldners, dem ein bestimmtes Rating erteilt wurde, mit Hilfe einer Definition zu beschreiben. Die von Fitch Ratings, Moody's oder S&P vorgelegten Statistiken dienen der Beschreibung der bisher zu beobachtenden Ausfallraten. Die von Ratingagenturen veröffentlichte, deskriptive Statistik ist daher keine „Wunschvorstellung", sondern Rechenschaft über die Leistungsfähigkeit ihrer Systeme in der Vergangenheit.

2.4 Ratingskalen und Modifikatoren

Anders als beim bankinternen Rating bedienen sich die rund 200 Ratingagenturen weltweit meist der Skalen, die von den führenden Agenturen bereits seit fast einem Jahrhundert gepflegt werden. Dass sich diese ursprünglich von dem einfachen System amerikanischer Schulnoten herleiten, ist heute kaum noch erkennbar: Durch Verdopplung und Verdreifachung der Buchstabensymbole (AAA, AA, A, BBB, ...) wie auch durch Hinzufügung der Ratingmodifikatoren 1, 2 und 3 bei Moody's (Aa1, Aa2, Aa3, A1, ...) bzw. von Plus- und Minussymbolen bei Fitch Ratings und Standard & Poor's (AA+, AA, AA-, A+, ...) sowie bei vielen anderen Agenturen wurde dem Marktbedürfnis entsprochen, innerhalb der Hauptkategorien feiner zu unterscheiden. Die entwickelten Ratingskalen und Modifikatoren sind geeignet, auch noch Bonitätsnuancen zu unterscheiden. Je größer das Finanzierungsvolumen, desto mehr Geld kann dabei für Kapitalgeber und -nehmer im Spiel sein.

Während nach den neuen bankenaufsichtsrechtlichen Regeln nur ein Rating für jeden Kreditnehmer vorgesehen ist, das sich auf einen zeitlichen Horizont von einem Jahr bezieht, unterscheiden führende Ratingagenturen zwischen kurz- und langfristigen Ratings. Die im Kreditgeschäft der Banken maßgeblichen Ratings würden nach der Terminologie der Ratingagenturen als „kurzfristig" bezeichnet, da sich Kurzfristratings auf Emissionslaufzeiten von bis zu einem Jahr beziehen. Die Skalen und Symbole kurzfristiger Emittentenratings sind auf den Websites der Ratingagenturen stets zu finden (z. B. **www.standardandpoors.de**).

2.5 Fazit

Anders als die Begriffe „Bank" oder „Sparkasse" sind die Begriffe „Rating" und „Ratingagentur" gesetzlich nicht geschützt. Im Prinzip kann daher jede Form von Beurteilung und Klassifizierung als „Rating" bezeichnet werden. Die Zahl der unterschiedlichen Begriffe und Definitionen ist daher groß.

An den Kapitalmärkten hat sich jedoch eine klare Vorstellung davon durchgesetzt, was unter einem Rating zu verstehen ist. Demnach ist das Rating eine durch Symbole mehrstufiger Skalen in der Art einer Schulnote ausgedrückte Meinung über die wirtschaftliche Fähigkeit, rechtliche Bindung und Willigkeit einer Wirtschaftseinheit, also auch eines IT-Unternehmens, seinen zwingend fälligen Zahlungsverpflichtungen stets vollständig und rechtzeitig nachzukommen.

Während Ratingagenturen ihre Urteile meist auf Anleihen und andere Schuldinstrumente beziehen, dient das interne Rating den Banken dazu, die Wahrscheinlichkeit eines Ausfalls ihres Kreditnehmers binnen Jahresfrist abzuschätzen.

3 Bankinternes Rating bei IT-Unternehmen

Ein Kernproblem für die Beurteilung von IT-Unternehmen ergibt sich aus dem Handelsgesetzbuch (HGB). Das Dritte Buch des HGB enthält Vorschriften bezüglich der Handelsbücher, der erste Abschnitt davon Vorschriften für alle Kaufleute. Für IT-Unternehmen sind insbesondere die Ansatzvorschriften von Interesse. § 248 sieht ein Bilanzierungsverbot vor, das bei vielen IT-Unternehmen Auswirkungen auf die Bilanz hat. In § 248 Abs. 2 HGB heißt es: „Für immaterielle Vermögensgegenstände des Anlagevermögens, die nicht entgeltlich erworben wurden, darf ein Aktivposten nicht angesetzt werden." Die sich in Computerprogrammen spiegelnden Kompetenzen von Softwareunternehmen z. B. werden daher im Anlagevermögen praktisch nicht erfasst.

Bei keiner der führenden Banken oder Bankengruppen sind spezielle Modelle für das Rating von IT-Unternehmen im Einsatz, obwohl es nach übereinstimmender Meinung der Experten durchaus Besonderheiten bei IT-Unternehmen gibt, die diese auch in Bezug auf die bonitätsrelevanten Merkmale von Unternehmen anderer Branchen unterscheiden. Um sich optimal auf das bankinterne Rating vorzubereiten, kommt es daher auf das Verständnis der Konzeption bankinterner Ratingmodelle an.

3.1 Konzeption bankinterner Ratingmodelle

Im Mittelpunkt jeder Konzeption eines Ratingmodells steht die Frage nach Ausfallwahrscheinlichkeiten. Banken erachten einen Schuldner als „ausgefallen", wenn eines oder mehrere der folgenden Ereignisse eingetreten sind:

- es ist unwahrscheinlich, dass der Schuldner seine Zahlungsverpflichtungen (Zins, Tilgung oder Gebühren) voll erfüllen kann;
- Eintritt eines Kreditverlustes in Zusammenhang mit irgendeiner Zahlungsverpflichtung des Schuldners, wie Abschreibung, Einzelwertberichtigung oder Umschuldung Not leidender Kredite in Zusammenhang mit Erlass oder Verschiebung von Zins-, Tilgungs- oder Gebührenzahlungen;

- der Schuldner ist mit irgendeiner Zahlungsverpflichtung mehr als 90 Tage im Verzug, oder
- der Schuldner hat ein Konkursverfahren oder ein ähnliches Verfahren zum Schutz vor Gläubigern beantragt.

Logik bankinterner Modelle

Da Banken für jeden Kreditnehmer eine Vielzahl von Merkmalen erheben, können sie analysieren, welche Merkmalskombinationen von Kreditnehmern Auffälligkeiten in Bezug auf das Ausfallrisiko aufweisen. Die dazu eingesetzten mathematisch-statistischen Methoden unterscheiden sich nicht prinzipiell von denen, die beispielsweise in der Medizin für die Beurteilung von Erkrankungsrisiken eingesetzt werden. Ein übergewichtiger, rauchender, zum Alkohol neigender und an Thrombose oder Diabetes leidender, älterer Mann ist statistisch einem wesentlich höheren Risiko ausgesetzt, einen Schlaganfall zu erleiden, als beispielsweise eine junge Frau, die keines dieser Merkmale aufweist. Banken machen sich die Erkenntnisse aus ihrem Kreditportfolio zu Eigen, um diejenigen Kreditnehmer zu identifizieren, bei denen es mit höherer Wahrscheinlichkeit zu einer Zahlungsstörung kommt.

Auswahl von Einzelfaktoren

Wie auch die Gesundheit von einer Fülle von Einflüssen abhängig ist, so ist auch die Bonität von Unternehmen von einer Vielzahl von Faktoren abhängig. Zur Entwicklung von Ratingmodellen ziehen Banken aufgrund ihres Erfahrungswissens zunächst solche Maßstäbe heran, die sich schon in der Vergangenheit als Prüfkriterien geeignet erwiesen haben. So ist beispielsweise bekannt, dass die Eigenkapitalquote eng mit der Ausfallwahrscheinlichkeit korreliert. Je höher der Verschuldungsgrad, desto häufiger ist mit Insolvenzen zu rechnen. Umgekehrt kann gezeigt werden, dass es bei Unternehmen, die praktisch ausschließlich mit Eigenkapital arbeiten und nur in sehr geringem Umfang Verbindlichkeiten eingehen, praktisch niemanden geben kann, der eine Insolvenz anmelden könnte. Jede Insolvenz setzt die Existenz ausfallbedrohter Forderungen und Verbindlichkeiten voraus.

Kriterienkombinationen

Das Problem eines (zu) einfachen Ratingmodells mit nur einem Merkmal wie dem Verschuldungsgrad besteht in den hohen Fehlerquoten.

- So würden manche Unternehmen ein „zu gutes" Rating erhalten, da sie zwar eine niedrige Verschuldung, aber dennoch ein hohes Ausfallrisiko aufweisen (so genannter Alpha-Fehler).
- Andererseits würden viele Unternehmen schlechte Noten erhalten, da sie zwar einen hohen Verschuldungsgrad aufweisen, aber dennoch mit hoher Wahrscheinlichkeit ihren zwingend fälligen Zahlungsverpflichtungen vollständig und rechtzeitig nachkommen werden (so genannter Beta-Fehler).

Hypothesen		Realität	
		gefährdet	gut
Entscheidung	gefährdet	$1-\alpha$	β
	gut	α	$1-\beta$

Statistisches Entscheidungsproblem

Um die genannten Fehleinstufungen zu vermeiden, werden daher stets mehrere Kriterien herangezogen, um Unternehmen zu klassifizieren. Jedes weitere Kriterium verbessert die Trennfähigkeit des Ratingmodells, jedoch nimmt der Nutzen jedes zusätzlichen Merkmals stetig ab: Unternehmen brauchen daher nicht zu fürchten, von Banken nach hunderten von Aspekten gefragt zu werden. Vielmehr reichen in der Regel neben den Jahresabschlussdaten wenige dutzend Kriterien aus, um eine hinlänglich genaue Klassifizierung vornehmen zu können.

Durch geschickte Auswahl der Ratingkriterien verstehen es Banken, die genannten Fehler auf ein Minimum zu reduzieren.

- Das Modell soll möglichst keinen Kreditnehmer als „gut" klassifizieren, der später zu einem Wertberichtigungsbedarf führt.
- Weniger problematisch sind aus Bankensicht dagegen die so genannten Opportunitätsverluste, wenn Kreditnehmer in eine zu niedrige Ratingkategorie eingestuft werden, als es ihrem tatsächlichen Ausfallrisiko entspricht.

Für den Kreditnehmer bedeutet ein zu niedriges Rating möglicherweise eine höhere Zinsbelastung, ein reduziertes Kreditvolumen und höhere Anforderungen an die Sicherheitenbestellung. Durch stete Fortentwicklung der mathematisch-statistischen Methoden ist es Banken in Deutschland gelungen, ihre Fehler erheblich zu reduzieren. Im Durchschnitt aller Unternehmen braucht daher kaum jeder dritte Kreditnehmer damit zu rechnen, ein ungerechtfertigt schlechtes Rating von seiner Bank zu erhalten.

Mathematisch-statistische Methoden

Da stets eine Mehrzahl von Kriterien zur Bonitätsbeurteilung herangezogen wird, stellt sich die Frage nach ihrer Verknüpfung. Dabei geht es nicht lediglich um die Feststellung von Gewichten, mit denen einzelne Faktoren in das Gesamturteil einfließen, sondern auch um den funktionalen Zusammenhang. Dieser kann nicht-linearer Art sein. Die bloße Addition von gewichteten Einzelkriterien zu einem Gesamtwert impliziert einen linearen Zusammenhang mit dem Ausfallrisiko. Tatsächlich sind oft aber exponentielle Beziehungen zwischen den Ausprägungen von Ratingkriterien und Ausfallraten zu beobachten. Diese lassen sich nicht angemessen durch lineare Modelle erfassen. Daher werden kompliziertere Formeln herangezogen, die die komplexen funktionalen Zusammenhänge besser abzubilden vermögen. Neben multivariaten Diskriminanzmodellen kommen insbesondere so genannte logistische Regressionsfunktionen zur Anwendung.

Die Bedeutung der Art der mathematisch-statistischen Modelle für die Praxis der Ratingvorbereitung wird oft unterschätzt. Dies kommt in Fragen nach „dem Gewicht" einzelner Kriterien zum Ausdruck. Selbst bei genauer Kenntnis der Formeln ist es bei den meisten bankinternen Ratingmodellen nur im Einzelfall möglich, das Gewicht eines Ratingkriteriums genau zu benennen, denn es kann von der Ausprägung anderer Merkmale abhängig sein. So sind beispielsweise anhaltende Verluste bei einer niedrigen Eigenkapitalquote wesentlich kritischer zu beurteilen als bei einer üppigen Eigenmitteldecke.

Trennschärfe als Gütekriterium

Anders als bei Ratingagenturen geht es in Banken nicht darum, in jedem Einzelfall ein möglichst genaues Urteil zu treffen. Im Unterschied zu den Agenturen erhalten Kreditinstitute für ihr Rating in der Regel kein Entgelt, während für unabhängige Agenturen das Rating das Hauptprodukt darstellt. Rating ist für Banken lediglich Mittel zum Zweck der Kreditvergabe. Erst wenn der Kunde auch Kredite und andere Bankdienstleistungen in Anspruch nimmt, verdient die Bank aus der Zinsmarge und den Avalprovisionen Erträge, aus denen die Kosten des Ratingprozesses bestritten werden können.

Je geringer das für die Bank mit einem Kunden in Aussicht stehende Kreditvolumen, desto weniger lohnt sich für die Bank der Aufwand des Ratingprozesses. Während sich bei großen Firmenkunden der Aufwand eines eingehenden Ratingverfahrens leicht aus den ersparten Risikokosten sowie aus der Zinsmarge verdienen lässt, müssen bei kleinen Gewerbetreibenden und Freiberuflern in einem möglichst einfachen, computergestützten Schnellverfahren Ratings ermittelt werden. Für Banken ist folgenschwer, wie trennscharf ein Ratingmodell zwischen „guten" und „schlechten" Kreditnehmern unterscheidet.

Primat des Kreditportfolios

Bankinterne Ratingmodelle kennen Bonitätsrisiken nur in Relation zum spezifischen Kreditportfolio der betreffenden Bank oder Bankengruppe. Wenn Kredite an IT-Unternehmen in diesem Portfolio nur eine untergeordnete Rolle spielen, können sich diese auch in der Art und der Zusammensetzung der einheitlichen Ratingkriterien kaum auswirken. Selbst wenn es eine größere Anzahl von Kunden aus der IT-Branche innerhalb des Portfolios gibt, braucht die Bank deshalb keineswegs spezielle, auf IT-Unternehmen passende Kriterien zu entwickeln, wenn durch allgemeine Maßstäbe bereits eine hinreichend trennscharfe Klassifizierung gelingt.

Die Kreditrisikostrategie einer Bank umfasst unter Berücksichtigung der Art und des Umfangs der Geschäfte die geplante Entwicklung des gesamten Kreditgeschäfts. Dazu zählt nach Willen der Bankenaufsicht z. B. eine Planung nach Branchenschwerpunkten, nach geographischer Streuung (u. a. Regionen, Länder), nach Kreditarten und nach den Verteilungen der Engagements im Risikoklassifizierungsverfahren sowie der Größenklassenverteilung. Somit kann eine Bank festlegen, generell mit IT-Unternehmen kein Aktivgeschäft zu betreiben. Die Ablehnung von Bankverbindungen oder Kreditanträgen hat dann nichts mit dem Rating, sondern mit den Branchenschwerpunkten der Kreditrisikostrategie zu tun. Diese können allerdings auf Basis von Branchenratings gesetzt worden sein.

Nach den bankenaufsichtsrechtlichen Mindestanforderungen an das Kreditgeschäft der Kreditinstitute ist der Begrenzung von Klumpenrisiken angemessen Rechnung zu tragen. So mag es ein IT-Unternehmen irritieren, dass eigene Kreditanträge abgelehnt werden, die Bank aber bei anderen IT-Unternehmen engagiert ist. Der Grund kann bei kleineren Instituten darin zu suchen sein, dass die Bank Klumpenrisiken vermeiden und daher auf eine ausgewogene Entwicklung ihres Kreditportfolios achten muss. Bei der Festlegung der Kreditrisikostrategie hat die Bank die zu ihrer Umsetzung notwendigen Mitarbeiterkapazitäten und die technisch-organisatorische Ausstattung zu berücksichtigen.

3.2 Module für Kundensegmente

Einzelne Kundensegmente weisen typische Verläufe der Entwicklung von Ausfallrisiken auf. Daher macht es für Banken Sinn, für einzelne Kundensegmente spezifische Versionen ihres Ratingmodells zu entwickeln. Für das Segment der IT-Unternehmen liegen jedoch zu wenige Erfahrungen vor, um spezifische Ratingmodelle mit einem angemessenen Kosten-Nutzen-Verhältnis zu entwickeln. Ferner gilt eine kundengruppenorientierte Führung der Bank als modern, so dass die Ressourcen auf diejenigen Kunden konzentriert werden sollen, die für die Bank den höchsten Ertrag abwerfen. Wie die Bankengeschichte zeigt, ist dies einem steten Wandel unterworfen.

Firmenkunden

Als „Firmenkunden" werden zum Beispiel in der Sparkassenorganisation solche Unternehmenskunden bezeichnet, die einen Jahresumsatz von mindestens 2,5 Millionen Euro erzielen. Alle Adressen werden einem der vier Sektoren „Produktion", „Handel", „Dienstleistungen" und „Freie Berufe" zugeordnet. Innerhalb der so definierten Gruppe der Firmenkunden werden in Sparkassen weitere fünf Größenklassen im Bilanzmodell unterschieden, größenabhängig also harte und weiche qualitative Faktoren differenziert.

Ähnlich der Sparkassenorganisation differenzieren auch die Genossenschaftsbanken zwischen ihren Kunden. Bei Großbanken werden mit dem Begriff „Firmenkunde" dagegen teils Unternehmen mit noch wesentlich höheren Umsätzen verstanden.

Gewerbekunden

Wie bei Firmenkunden werden auch bei Gewerbekunden im Modell der Sparkassen die genannten vier Sektoren differenziert. Von den Firmenkunden unterscheiden sich Gewerbekunden durch einen niedrigeren Umsatz, nämlich zwischen 250.000 Euro und 2,5 Millionen Euro. IT-Unternehmen mit Umsätzen in dieser Größenordnung gehören zu dieser Gruppe.

Geschäftskunden

Als „Geschäftskunden" bezeichnet die Sparkassenorganisation solche Adressen, die einen Umsatz von bis zu 0,25 Millionen Euro bei einem Obligo von weniger als 50.000 Euro aufweisen. Generell gilt, dass für größere Unternehmen eher quantitative Merkmale im Rating der Banken maßgebend sind, während bei kleineren Adressen qualitative Aspekte an Bedeutung gewinnen.

Freie Berufe

Von den Geschäftskunden sind freie Berufe zu unterscheiden. Zahlreiche Selbständige, die freiberuflich in der Softwarebranche tätig sind, fallen in diese Kategorie und werden anhand der für diese Kundengruppe spezifischen Kriterien gemessen. So sind hier Kriterien wie „Familienstand" oder „Ausbildung" von Bedeutung, die bei Großunternehmen meist keinen Sinn ergäben.

Existenzgründer

Viele Voraussetzungen, unter denen Ratings für andere Unternehmen erteilt werden können, gelten nicht für Existenzgründer. Insbesondere kann es wesensgemäß keine quantitative Analyse der bisherigen Geschäftsentwicklung geben, denn der Existenzgründer steht am Anfang seines Unternehmens. Dementsprechend zählen hier mehr die Eigenmittelausstattung, Qualität der Geschäftsplanung und die qualitativen Kriterien, die mit Blick auf die Person des Existenzgründers angelegt werden können.

3.3 Informationsbereiche

Letztlich ist ein Rating immer Ansichtssache – nämlich eine mehr oder weniger fundierte Meinung über die wirtschaftliche Fähigkeit, rechtliche Bindung und Willigkeit eines Schuldners, seinen zwingend fälligen Zahlungsverpflichtungen stets vollständig und rechtzeitig nachzukommen. Da sich Banken aber um eine Objektivierung der Beurteilung bemühen, werden an die Stelle subjektiver Wahrnehmungen einzelner Kreditsachbearbeiter oder Firmenkundenbetreuer möglichst viele „harte Fakten" gesetzt. Diese können quantitativer oder qualitativer Art sein und gelten auch für IT-Unternehmen.

Da sich in Deutschland viele Banken, insbesondere auch der DSGV und BVR von der gleichen US-amerikanischen Consultingfirma bei der Gestaltung ihrer Ratingsysteme beraten ließen, weisen diese Systeme große Ähnlichkeiten auf. Das verbreitete Grundmodell, mit dem sich die meisten IT-Unternehmen konfrontiert sehen, sei im Folgenden dargestellt.

Quantitative Faktoren

Zu den quantitativen Faktoren zählen insbesondere Kennzahlen, die aus dem Jahresabschluss eines Unternehmens gewonnen werden können. Eigenkapitalquote, Rentabilität, Kapitalumschlag, Cashflow usw. sind Maßstäbe, die schon in der traditionellen Kreditwürdigkeitsprüfung große Bedeutung hatten. Im Rating werden diese automatisch aus den in der elektronischen Bilanzanalyse gewonnenen Daten ermittelt, gewichtet und integriert. Quantitativen Faktoren messen Banken im Rating hohes Gewicht bei.

Qualitative Faktoren

Harte qualitative Faktoren setzen auch an rückblickend objektiv feststellbaren Informationen an und besitzen - anders als weiche Faktoren - keine retrospektive Verfälschung. So werden von den Banken beispielsweise Art der Bankverbindung (Dauer / Mehrfachverbindungen etc.), Kontoverhalten und Zahlungsgewohnheiten, Erfahrung, Planungssysteme, Bilanzbeschönigung, Auskünfte, Markt- und Lieferantensituation etc. ausgewertet. Konkret werden IT-Unternehmer an folgenden Aspekten gemessen:

- Dauer der Kundenbeziehung
- Alter / Erfahrung der Geschäftsleitung
- Ausbildung
- Familienstand
- Nachfolgeregelung
- Rechtsform
- Kundenabhängigkeiten
- Existenz von Planungs- und Kontrollsystemen
- Existenz eines Leiters Finanzen / Debitorenbuchhaltung

Der letzte Aspekt ist auch von der Größe des Unternehmens abhängig.

Warnsignale

- erweitern die Betrachtung,
- treten sehr kurzfristig auf,
- haben gravierende Konsequenzen,
- haben einen kurzen Vorhersagehorizont,
- erkennen in erster Linie die schlechten Kunden,
- haben insgesamt eine geringe Trennschärfe (Power), denn sie können schlecht unterscheiden zwischen den eher guten, den eindeutig guten und den sehr guten Kunden,
- sind, wenn sie auftreten, so massiv, dass alle anderen Ratinginformationen überschrieben werden sollten.

Banken sehen ein Warnsignal als gegeben an, wenn beispielsweise eine oder mehrere der folgenden Feststellungen auf den Kunden zutreffen:

- Lastschriftrückgaben,
- Verzögerungen bei der Begleichung von Darlehensraten,
- Kreditkündigungen anderer Kreditinstitute,
- Scheckrückgaben,
- Wechselproteste,
- Kontopfändungen,
- Betrugsfälle,
- nicht vereinbarungsgemäße Überziehungen,
- negative externe Auskünfte,
- körperliche und geistige Beeinträchtigungen.

Selbstredend wollen Banken beispielsweise mit Betrügern in der Softwarebranche keine Geschäfte machen. Entsprechende Vorfälle in der Vergangenheit schädigen daher auf Dauer die Möglichkeiten der Kreditfinanzierung eines Unternehmens.

Haftungsverbünde

Ein Unternehmen, das nicht allein ist, kann nicht isoliert betrachtet werden. Wenn ein Unternehmen Muttergesellschaft eines Konzerns ist, ist die Bonität der Tochtergesellschaften zu berücksichtigen, indem dem Rating die Konzernabschlüsse zugrunde gelegt werden. Wenn ein Unternehmen Tochtergesellschaft in einem Konzern ist, wird der Konzerneinfluss beurteilt.

Der Einfluss der Haftungsverbünde auf die Ausfallwahrscheinlichkeit eines einzelnen Kreditnehmers, bzw. Unternehmens ist deshalb Gegenstand dieser Betrachtung. Haftungsverbünde im Sinne des Ratings liegen vor bei Mehrheitsbesitz (> 50 % Kapital) und / oder Stimmrechtsmehrheit (> 50 %) durch ein anderes Unternehmen.

Je nach Verflechtungsgrad (hart / mittel / weich) und Bonitätsverhältnis der beteiligten Unternehmen ergeben sich unterschiedliche Anforderungen an die Daten und unterschiedliche Auswirkungen auf das Rating des betrachteten Kreditnehmers. Eine Zugehörigkeit zu einem Haftungsverbund kann für dieses Unternehmen zusätzliche Chancen oder zusätzliche Risiken beinhalten.

Ist die Konzernmutter stark, so verhindert sie oft die Insolvenz ihrer Töchter, zum Beispiel indem sie Verluste übernimmt, Kapital zuführt oder Darlehen gewährt. Eine Krise des Konzerns wirkt sich dagegen meist negativ auf alle Konzerngesellschaften aus. Aufgrund finanzieller Verflechtungen gerät dann auch ein an sich gesundes Tochterunternehmen plötzlich in eine wirtschaftlich schwierige Lage.

3.4 Integrationsebenen

Wie ein Versetzungszeugnis Noten in verschiedenen Fächern aufweist, die wiederum aus Zensuren für mündliche und schriftliche Leistungen zusammengesetzt sind, so werden auch die Bonitätsnoten in den Banken aus einer Mehrzahl von Ratings zusammengesetzt. Das endgültige Rating eines IT-Unternehmens wird in den meisten Kreditinstituten über mehrere Integrationsebenen hinweg hergeleitet.

Finanzrating

Im Finanzrating werden die Jahresabschlüsse der letzten Jahre bewertet. Das Finanzrating stützt sich auf die ganz konkreten Zahlen und Finanzdaten des Unternehmens. Grundlage jedes bankinternen Ratings müssen daher Handels- und / oder Steuerbilanzen, Geschäftsberichte und nach Möglichkeit auch Prüfungsberichte von Wirtschaftsprüfern bilden. Möglichst detaillierte und mit qualitativen Angaben versehene Jahresabschlussberichte – am besten also die Prüfungsberichte von Wirtschaftsprüfern – helfen den Kreditgebern, sich ein möglichst zutreffendes Bild der dokumentierten Vermögens-, Finanz- und Ertragslage zu verschaffen. Bei Unternehmen mit Tochtergesellschaften bilden in der Regel die konsolidierten Abschlüsse die Basis des Finanzratings. Dennoch werden auch die Einzelabschlüsse der kreditnehmenden Gesellschaft schon aus rechtlichen Gründen benötigt.

Die Jahresabschlüsse erlauben folgende Einblicke:

- Die Profitabilität bzw. der erwirtschaftete Einnahmenüberschuss, der zur Bedienung der finanziellen Forderungen der Gläubiger des Unternehmens herangezogen werden kann.
- Die Finanzlage des Unternehmens, die über seine bilanzielle Stärke Auskunft gibt, Verpflichtungen auch in wirtschaftlich schwierigen Zeiten noch nachkommen zu können.
- Die Jahresabschlusspolitik wird unter dem Aspekt der Qualität der Zahlen analysiert und danach die Substanzstärke bewertet.
- Die Diversifizierung des Unternehmens signalisiert Krisenfestigkeit durch risikoausgleichende Aktivitäten.

Mit dem Aspekt der Profitabilität wollen Banken letztlich nur feststellen, wie gut ein Unternehmen seine Kreditverpflichtungen aus seinen laufenden Einnahmenüberschüssen erfüllen kann. Die Profitabilität ist für die Kapitaldienstfähigkeit maßgebend.

Profitabilität wird am Brutto-Cashflow gemessen, da das Jahresergebnis durch einmalige Geschäftsvorgänge beeinflusst sein kann und eine Auflösung von Rückstellungen das Jahresergebnis ebenso prägen kann wie Restrukturierungskosten. Außerordentliche Erträge beziehungsweise Aufwendungen schränken aber die Aussagekraft für die nachhaltige Profitabilität ein.

Bei der Erfüllung von Zins- und Tilgungsverpflichtungen sind die erwirtschafteten Einnahmenüberschüsse entscheidend, die durch nicht liquiditätswirksame Abschreibungen nicht vermindert werden. Abschreibungen reduzieren zwar den Jahresüberschuss, nicht aber den Brutto-Cashflow, der deshalb im Rating von größerem Interesse ist.

Nur Unternehmen mit guter Finanzlage verkraften auch einen wirtschaftlichen Abschwung ohne Probleme. Die finanzielle Widerstandsfähigkeit eines Unternehmens lässt sich auch an der Liquidierbarkeit der Aktiva ablesen. Vorräte zum Beispiel können meist viel schneller und mit geringerem Verlust verkauft werden als langlebige Produktionsanlagen. Sind die Verbindlichkeiten im Verhältnis zu den Aktiva hoch, können unter Umständen nicht genügend Werte mobilisiert werden, um allen Verpflichtungen nachzukommen. Niedrige Eigenkapitalquote, hohe und steigende Verschuldung, kurzfristige Finanzierung langfristiger Aktiva sind Faktoren, die die finanzielle Widerstandsfähigkeit eines Unternehmens beeinträchtigen.

Da in der Bilanz und in der Gewinn-und-Verlust-Rechnung Unternehmen – etwa zur Optimierung der Steuerlast – oft Gestaltungsspielräume nutzen, die der Gesetzgeber ihnen zugesteht, kann ein Jahresabschluss die Profitabilität und Finanzlage eines Unternehmens in mehr oder weniger günstigem Licht erscheinen lassen. Daher werden die Ergebnisse um eine Analyse der gesamten Jahresabschlusspolitik korrigiert.

Positiv wird zum Beispiel eine Verkürzung der Abschreibungsdauer berücksichtigt, ebenso die Bildung zusätzlicher Restrukturierungs- oder Aufwandsrückstellungen, der Ansatz von Beteiligungen deutlich unter ihrem aktuellen Wert oder die Existenz von Bewertungsreserven in den Vorräten. Negativ sind dagegen beispielsweise die zusätzliche Kostenaktivierung gegenüber dem Vorjahr, die Verlängerung der Abschreibungsdauer, die unveränderte Bewertung von Beteiligungen trotz nachhaltiger Verluste oder vorhandene Risiken, die durch Rückstellungen nicht abgedeckt sind.

Die Diversifizierung der Geschäftstätigkeit ist ein besonders schwierig einzuschätzender Aspekt beim Finanzrating von IT-Unternehmen. Einerseits hilft eine strikte Fokussierung auf bestimmte Produkte und Regionen, hier Marktführer zu werden und Erfahrungskurveneffekte zu nutzen. Andererseits bringt eine mangelnde Diversifizierung aber auch Abhängigkeiten mit sich, die im Fall ungünstiger Nachfrage- oder Konkurrenzentwicklung die Finanzlage des IT-Unternehmens nachhaltig verschlechtern kann.

Strukturrating

Die Systeme zur Erfassung der nicht quantitativen Kriterien im Rating sind in den Banken – zum Teil auch in Abhängigkeit von der Größenklasse des zu beurteilenden Unternehmens – unterschiedlich differenziert ausgebaut. Manche Institute begnügen sich hier mit den oben genannten „qualitativen Kriterien", andere betrachten dagegen auch Wettbewerbsposition, Zukunftsaussichten und Management anhand weiterer Fragen. In jedem

Fall gehen neben rein quantitativen Kriterien auch qualitative in das Rating ein. Welche Bedeutung den qualitativen Fragen zum Beispiel bei Firmenkunden beigemessen wird, zeigt näherungsweise das folgende Schaubild:

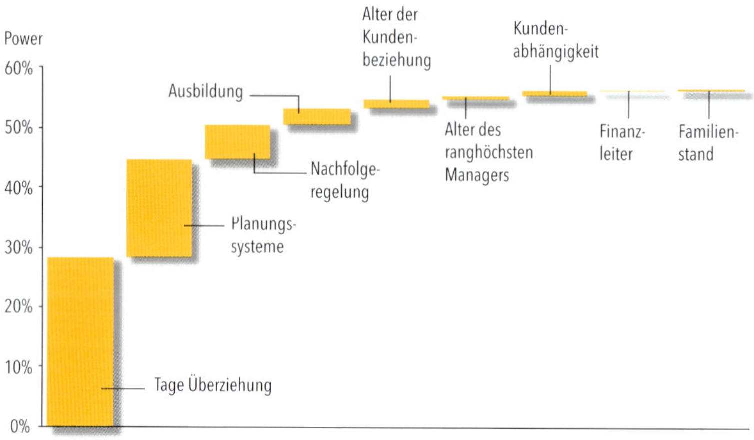

„Power" der Ratingkriterien

Basisrating

Als „Basisrating" wird in verschiedenen Banken das aus dem quantitativen und dem qualitativen Rating kombinierte Rating bezeichnet. Das Basisrating umfasst somit keinen eigenen Ratingprozess, sondern stellt lediglich eine weitere Betrachtungsebene dar. Das Basisrating kann weder Grundlage der Kreditentscheidung der Bank, noch ihrer Eigenmittelunterlegung sein, da für die genaue Bemessung des Ausfallrisikos eines Kunden noch weitere Aspekte berücksichtigt werden müssen.

Kundenrating

Sowohl beim Finanzrating als auch beim Strukturrating werden für jedes Kriterium Punktwerte vergeben, die mit unterschiedlicher Gewichtung in ein mathematisches Modell einfließen, aus dem sich das Basisrating errechnet. Im Rechenmodell - und in der Gewichtung der einzelnen Punktwerte - schlagen sich die konkreten Erfahrungen der Bank nieder.

Die besondere Situation eines jeden Unternehmens kann damit jedoch nicht immer erfasst werden. Diese individuellen Faktoren werden daher in einem speziellen Ratingteil als „Sonderfaktoren" erfasst. Dazu rechnen inbesondere „Warnsignale". Um vom Basisrating zum (einheitlichen) Kundenrating zu gelangen, müssen daher diese Sonderfaktoren berücksichtigt werden.

Wer beispielsweise als Sparkassenkunde sein Konto in den letzten zwölf Kalendermonaten dreimal länger als einen Monat oder einmal länger als zwei Monate überzieht, muss mit einer Abstufung um eine Ratingklasse rechnen. Kunden, bei denen drei oder mehr Überziehungen von mehr als zwei Monaten zu verzeichnen sind, werden gleich um zwei Ratingklassen nach unten geschoben. Eine ununterbrochene Überziehung von mehr als drei Monaten reicht aus, um jede Aussicht auf ein Rating besser als Klasse 13 zu versperren. Die Mitarbeiter der Sparkasse sind dann nämlich dazu angehalten, den Kunden bestenfalls in die Ratingklasse 13 einzugruppieren.

Ebenso sind differenzierte Vorgaben bei Leistungsstörungen zu beachten.

- Eine einmalige Leistungsstörung von mindestens zwei Monaten oder drei oder mehr Leistungsstörungen je mindestens einen Monat führen jeweils zu einer Herabstufung um eine Klasse.
- Drei oder mehr Leistungsstörungen je mindestens zwei Monaten bewirkt bei den Sparkassen eine Abstufung um zwei Ratingklassen.
- Eine einmalige Leistungsstörung von mindestens drei Monaten Dauer heißt wiederum bestenfalls eine Einstufung in Ratingklasse 13.
- Ebenso fatal sind Scheckrückgaben oder Wechselproteste, die Kündigung des Kreditrahmens bei einer anderen Bank, eine Kontopfändung, Betrugsfälle oder negative Auskünfte (bei Neukunden).

Drei oder mehr Lastschriftrückgaben mangels Deckung in den letzten zwölf Kalendermonaten haben die Folge einer Herabstufung um eine Klasse. Auch körperliche und / oder geistige Beeinträchtigungen des alleinigen Firmeninhabers, die die Unternehmensführung gefährden, lassen das Rating um mindestens eine Stufe sinken. Erst wenn alle Sonderfaktoren berücksichtigt sind, steht das (Einzel-) Kundenrating fest.

Integriertes Kundenrating

Haftungsverbünde sind von erheblichem Bonitätseinfluss. Ein Konzernrating tritt daher zum Einzelrating hinzu.

- Zunächst wird zwar das Unternehmen im Einzelrating in eine Bonitätsklasse eingestuft.
- Dann wird jedoch auch der Konzern geprüft und auch seine Bonitätsklasse festgelegt.
- Ergeben sich Abweichungen zwischen dem Einzel- und dem Konzernrating, so muss bedacht werden, ob sich der Konzerneinfluss stützend oder belastend auswirken könnte.
- Bei negativem Konzerneinfluss wird die Bonitätsklasse des Tochterunternehmens herabgesetzt, umgekehrt wird bei einem positiven Konzerneinfluss eine höhere Bonitätsklasse gewählt.

Bei einem besseren Konzern- als Einzelrating können zum Beispiel folgende Tatbestände für einen stützenden Konzerneinfluss sprechen:

- rechtlich bindende Patronatserklärung der Konzernmutter,
- wiederholter Verlustausgleich durch die Konzernmutter.

Bei einem schlechteren Konzern- als Einzelrating ist ein belastender Konzerneinfluss ursächlich:

- hohe Kreditgewährung an andere Konzerngesellschaften ohne erkennbaren operativen Hintergrund,
- Sicherheitenstellung für andere Konzerngesellschaften oder
- unangemessen hohe Gewinnabführung.

Überschreibungen

Das integrierte Kundenrating gibt der Bank einen genaueren Maßstab zur Bemessung des Ausfallrisikos vor. Jedoch kann es Gründe geben, dass auch dieses Rating noch zu korrigieren ist.

Auf Überschreibungen kann nicht verzichtet werden. Zwar gibt das bankinterne System ein einheitliches und standardisiertes modellbasiertes Rating für alle Kunden vor. In Ausnahmefällen kann das Rating jedoch ein nicht zutreffendes Ergebnis zeigen. Für diese seltenen Fälle muss es die Möglichkeit der Überschreibung geben.

Überschreibungen sind nach Willen der Bankenaufsicht auf Ausnahmefälle zu beschränken.

- Dazu zählen kurzfristige fatale Ereignisse, die zu einer außerordentlichen Situation führen oder Informationen, die nicht in das Bilanzrating eingeflossen sein können.
- Überschreibungen sind flexibel nach unten möglich.
- Überschreibungen nach oben dürfen nur nach dem Vier-Augen-Prinzip und im Rahmen einer Kompetenzregelung erfolgen.
- Eine Überschreibung gilt lediglich bis zur nächsten Ratingerstellung.

In der Datenbank des Kreditinstituts werden sowohl die regulär berechnete Note als auch die Überschreibung abgespeichert, u. a. um daraus später Rückschlüsse auf die Sinnhaftigkeit der Überschreibung ziehen zu können.

Die Bankenaufsicht hält Banken dazu an, den Anteil der überschriebenen Ratings möglichst gering zu halten. Würden Bankmitarbeiter beliebig Ratings überschreiben dürfen, wäre das durch die Baseler Eigenkapitalvereinbarung gesetzte Ziel in Gefahr, nach möglichst einheitlichen und nachvollziehbaren Bedingungen die Eigenmittelunterlegung im Kreditgeschäft der Banken zu bestimmen.

3.5 Intransparenz

Die durch die Baseler Eigenkapitalvereinbarung geforderte Transparenz bankinterner Ratingsysteme und -kriterien gilt gegenüber der Bankenaufsicht, nicht aber gegenüber dem betroffenen Kunden. Banken sind nicht verpflichtet, ihren Kunden die Beweggründe darzulegen, nach denen sie ihre Ratings erteilen.

Da Ratings dem Bankgeheimnis unterliegen, dürfen sie Dritten gegenüber nicht mitgeteilt werden. Daher schließen bankinterne Ratings Vergleichsmöglichkeiten mit anderen Kunden desselben Instituts aus. IT-Unternehmen erhalten von ihren Banken daher keine Möglichkeit, Ratings untereinander zu vergleichen.

Aus dem Vergleich von Ratings verschiedener Unternehmen ziehen Banken einen hohen Nutzen für die Optimierung der Zins- und Konditionengestaltung. Ferner lassen sich so Indikatoren der Entwicklung des Kreditportfolios ermitteln und Tendenzen frühzeitig erkennen.

Maßgebliche Kriterien

Die für IT-Unternehmen maßgeblichen Kriterien werden von nahezu allen Banken nur selektiv bekannt gegeben. In Broschüren und Faltblättern der Kreditinstitute werden Kriterien ausführlich erörtert, die für den Unternehmer selbstverständlich sein sollten. Die meisten Kriterien bankinterner Ratings sind in der Wissenschaft wie auch in der Praxis unstrittig. Unter sonst gleichen Umständen gilt zum Beispiel:

- Ein rentables IT-Unternehmen ist günstiger zu beurteilen als ein Unternehmen, das Verluste schreibt.
- Eine hohe Eigenkapitalquote schirmt besser vor einer möglichen Insolvenz ab als eine niedrige.
- Ein Unternehmen mit gesundem Wachstum ist weniger insolvenzgefährdet als eines mit Umsatzrückgängen.
- Ein hoher Kapitalumschlag gibt Kreditgebern mehr Vertrauen in die Kapitaldienstfähigkeit als ein niedriger Kapitalumschlag.
- Ein qualifiziertes Management ist besser als ein unerfahrenes.

- Eine schlüssige und dokumentierte Aufbau- und Ablauforganisation gibt mehr Aussicht auf Erfolg, als eine unbedachte und von Zufällen geprägte organisatorische Gestaltung.

Im Ratingprozess sprechen die Bankmitarbeiter gegenüber dem Kunden sowohl Fragen an, deren Antworten für das Rating aktuell von Bedeutung sind, als auch solche, die in das Ratingurteil gar nicht einfließen. Außerdem werden Kriterien berücksichtigt, die nicht ausdrücklich abgefragt werden, wie auch solche, die dem Kunden im Rahmen des internen Ratingverfahrens der Bank deutlich werden. In jedem Ratingprozess sind daher vier Kriteriengruppen zu unterscheiden:

Maßgeblichkeit für das Ratingurteil

Offenlegung des Kriteriums gegenüber dem Kunden	Die Frage wird offen gestellt und die Antwort fließt ins Rating ein, z. B. Fragen nach der Eigenmittelausstattung.	Die Antwort auf die gestellte Frage ist für das Rating aktuell irrelevant, z. B. Fragen nach den Zukunftseinschätzungen.
	Die Frage wird nicht gestellt; die Bank beantwortet sie sich aus vorhandenen Datenbanken.	Die Frage wird nicht gestellt und fließt auch nicht offiziell in das Ratingsystem ein, beeinflusst aber möglicherweise das Verhalten des Kundenbetreuers.

Aus dem Fragenkatalog, der dem Kunden vorgelegt wird, sind daher die maßgeblichen Kriterien des Ratings in der Regel nicht vollständig ersichtlich. So erübrigen sich beispielsweise die Fragen nach dem Geschlecht, dem Familienstand oder Nationalität, da diese Angaben bereits bei Aufnahme der Bankverbindung erhoben werden. Banken können daher ihre Kunden nach diesen Kriterien bereits diskriminieren, ohne auf die Mitwirkung ihrer Kunden im Ratingprozess angewiesen zu sein. Ferner bietet die elektronische Datenverarbeitung den Vorteil, dass eine Reihe von Ratingkriterien im Hintergrund des Ratingprogramms der Bank verarbeitet werden können, ohne sie dem Kundenbetreuer oder gar dem Kunden bewusst machen zu müssen.

Die Geheimhaltung der Ratingkriterien stößt jedoch an Grenzen, da sich viele Unternehmen spezialisierter Berater, so genannter Ratingadvisors, bedienen, die teils mit Bankenhintergrund über langjährige Erfahrungen und Einblicke in bankinterne Ratingsysteme verfügen.

Gewichtung der Faktoren

Die Gewichtung der in das Rating einfließenden Faktoren gehört in den meisten Banken zu den am besten gehüteten Betriebsgeheimnissen. Die Rechenkerne der einheitlichen Ratingsysteme der Genossenschaftsbanken wie auch der Sparkassen werden ebenso wenig bekannt gemacht wie diejenigen der meisten privaten Banken.

Formelmäßige Verknüpfung

Selbst aus der Kenntnis der bedeutsamen Ratingkriterien und der (einfachen) Gewichtung der Faktoren alleine lässt sich jedoch das Ratingurteil noch nicht zweifelsfrei für ein IT-Unternehmen ableiten. Entscheidend sind vielmehr ihre formelmäßigen Verknüpfungen. Eine einfache Summation von Kriterien und Gewichtungen wird der Komplexität der Bonitätseinflussfaktoren in der Realität nicht gerecht. Daher müssen kompliziertere Formeln herangezogen werden, um erhobene Daten zu einem Ratingurteil zusammenzuführen. In den meisten deutschen Banken werden logistische Regressionsfunktionen verwendet. Diese werden nicht veröffentlicht.

Interpretation des Ergebnisses

Bankinterne Ratings sind für Außenstehende nur eingeschränkt interpretierbar. So werden zwar in der Regel zumindest Bandbreiten möglicher Ausfallraten für jedes Ratingsymbol angegeben. Diese beziehen sich jedoch stets auf einen Ein-Jahres-Zeitraum, da bankinternen Ratings so genannte „Zwei-Zeitpunkt-Modelle" (= heute und in einem Jahr) zugrunde liegen.

In keiner deutschen Bank gibt es eine Ratinghistorie, die so weit zurückreicht wie bei den führenden Ratingagenturen. In vielen Banken wurden Ratingprozesse erst vor wenigen Jahren eingeführt, so dass Erfahrungen mit der Leistungsfähigkeit der angewandten Kriterien und Methoden fehlen. Die Schätzungen der Ausfallraten beruhen stets auf statistischen Daten vergangener Zeiten, so dass die Gültigkeit der Ratingurteile von der selten zu bestätigenden Prämisse abhängig ist, dass die wirtschaftlichen Bedingungen für IT-Unternehmen unverändert bleiben.

Detaillierte Angaben über die Leistungsfähigkeit der eingesetzten Ratingsysteme werden von Banken nicht veröffentlicht. So sind beispielsweise die Schwankungsbreiten der Ausfallraten im Zeitablauf oder die Übergangswahrscheinlichkeiten von einer Ratingkategorie zur anderen nicht bekannt.

3.6 Dummy-Fragen

Da entsprechende empirische Erfahrungen oftmals nicht vorliegen, d. h. qualitative Fragen in der Vergangenheit nicht gestellt und beantwortet wurden, erfolgt bei den Ratings der meisten Banken in der Regel eine laufende Erhebung einer begrenzten Zahl potentiell bonitätsrelevanter Fragen, sog. Dummy-Variablen.

Antworten auf diese Fragen haben noch keinen Einfluss auf das Rating. Nach einem ausreichenden Erhebungszeitraum werden die Antworten zu diesen Fragen statistisch ausgewertet und auf ihre Trennfähigkeit zwischen guten und schlechten Kreditnehmern hin untersucht. Nur bei nachgewiesener Trennfähigkeit werden die qualitativen Fragen dann im Rahmen einer Überarbeitung in der neuen Version des qualitativen Moduls berücksichtigt.

Die gestellten Fragen sind das Ergebnis eingehender Fachberatungen, in denen der Versuch unternommen wurde, das wissenschaftlich wie auch praktisch begründete Expertenwissen zu strukturieren und in möglichst wenigen Fragen von hoher Trennfähigkeit zu bündeln.

So werden beispielsweise in der Sparkassenorganisation die nachfolgenden Fragen zur Unternehmensführung, zur Planung und Steuerung, zum Markt und Produkt sowie zur Wertschöpfungskette gestellt, die vom Sparkassenmitarbeiter zu erfassen sind. Die Antwort auf jede Frage ist anhand der Auskünfte des Kunden vom Bankmitarbeiter festzulegen.

Unternehmensführung

Vom Kundenbetreuer zu erhebende Fragen über die Unternehmensführung umfassen solche zur Unternehmensstrategie, zum Management und zum Personal.

Unternehmensstrategie
Wie beurteilen Sie die Plausibilität der Unternehmensstrategie?
Wie beurteilen Sie das Strategiemanagement?

Management
Wie beurteilen Sie die fachliche Qualifikation der 1. Managementebene?
Wie beurteilen Sie die persönliche Qualifikation der 1. Managementebene?
Wie beurteilen Sie die Qualifikation der 2. Managementebene?
Wie beurteilen Sie die Zusammenarbeit und Kommunikation innerhalb des Managements?

Personal
Wie beurteilen Sie das Personalmanagement?
Wie beurteilen Sie die Personalzufriedenheit?
Wie beurteilen Sie die Arbeitsmarktsituation?
Wie beurteilen Sie die spezifischen personellen Risiken?

Planung und Steuerung

Das Auskunftsverhalten gegenüber der Bank beeinflusst die Einschätzung der Informationspolitik. Um Ratings einen stärkeren Zukunftsbezug zu geben, sollen künftig mehr Aspekte der Planung und des Controllings in das Rating einfließen.

Informationspolitik

- Wie beurteilen Sie das Auskunftsverhalten?
- Wie beurteilen Sie die zur Verfügung gestellten Unterlagen des Unternehmens?

Planung

- Wie beurteilen Sie die GuV- und Bilanzplanung?
- Wie beurteilen Sie die Finanz- und Liquiditätsplanung?
- Wie beurteilen Sie die Investitionsplanung?

Controlling

- Wie beurteilen Sie das Unternehmenssteuerungskonzept?
- Wie beurteilen Sie die Kostenrechnung?
- Wie beurteilen Sie das unterjährige Berichtswesen?
- Wie beurteilen Sie das Liquiditätsmanagement?
- Wie beurteilen Sie das Risikofrüherkennungskonzept?

Markt und Produkt

Der Bankmitarbeiter hat sich über das Produkt, die individuelle Marktstellung, die allgemeine Branchenentwicklung, den Absatzmarkt und über die Abhängigkeit von spezifischen Risiken ein Urteil zu bilden. Firmenkundenbetreuer und Kreditsachbearbeiter entscheiden auf Basis ihrer Fachkenntnisse für jedes IT-Unternehmen über das Produktsortiment, die Qualität der Produkte usw.

Produkt
Wie beurteilen Sie das Produktsortiment?
Wie beurteilen Sie die Qualität der Produkte/Dienstleistungen?

Individuelle Marktstellung
Wie beurteilen Sie die Marktposition?
Wie beurteilen Sie die Konkurrenzsituation?
Wie beurteilen Sie die Stabilität des Wettbewerbs?

Allgemeine Branchenentwicklung
Wie beurteilen Sie das Marktwachstum?
Wie beurteilen Sie die Branchenrentabilität?
Wie beurteilen Sie die Innovationsgeschwindigkeit?
Wie beurteilen Sie die Marktschwankungen?

Absatzmarkt
Wie beurteilen Sie den aktuellen Auftragsbestand?
Wie beurteilen Sie die zukünftige Kapazitätsauslastung?
Wie beurteilen Sie die Bonität der Kunden des Unternehmens?
Wie beurteilen Sie die Abhängigkeit des Unternehmens zum Kunden?

Abhängigkeit spezifische Risiken
Wie beurteilen Sie die Abhängigkeit von politisch-rechtlichen Risiken?
Wie beurteilen Sie die Abhängigkeiten von gesellschaftlichen Trends?
Wie beurteilen Sie die Abhängigkeiten von sonstigen Risiken?

Wertschöpfungskette

Die Bankangestellten urteilen bei jedem IT-Unternehmen über Organisation, Forschung und Entwicklung, Einkauf und Lagerhaltung, Produktion und Leistungserstellung sowie Marketing und Vertrieb.

Organisation

Wie beurteilen Sie die Auf- / Ablauforganisation?

Wie beurteilen Sie das Qualitätsmanagement?

Forschung / Entwicklung

Wie beurteilen Sie den derzeitigen Umfang der Forschungs- und Entwicklungstätigkeit?

Wie beurteilen Sie die Effektivität der Forschungs- und Entwicklungstätigkeit?

Einkauf / Lagerhaltung

Wie beurteilen Sie die Einkaufskonditionen?

Wie beurteilen Sie die Qualität der Lieferanten des Unternehmens?

Wie beurteilen Sie die Abhängigkeit des Unternehmens von Lieferanten?

Wie beurteilen Sie das Lagermanagement?

Produktion / Leistungserstellung

Wie beurteilen Sie die Produktionsanlagen?

Wie beurteilen Sie den Prozess der Leistungserstellung?

Marketing / Vertrieb

Wie beurteilen Sie das Marketingkonzept?

Wie beurteilen Sie die Vertriebssteuerung?

3.7 Ratingprozess

In vielen Banken wurden Unternehmen bereits geratet, als sich die Kunden dieser Tatsache noch nicht bewusst waren. Ratingprozesse können daher unmerklich ablaufen und jederzeit stattfinden.

Wie in der Schule gibt es auch beim Rating verschiedene Wege, um eine Note zu ermitteln. Der Lehrer kann in der Schule Zensuren auf die Ergebnisse von schriftlichen Klassenarbeiten stützen oder sich einen Eindruck von den mündlichen Leistungen seiner Schüler verschaffen. Auch ohne weitere Erklärung kann er Noten in sein Klassenbuch eintragen. Ebenso können Banken unter aktiver Mitwirkung des Beurteilten oder auch ohne sein Zutun urteilen; zumindest rechtlich sind Kreditinstitute nicht daran gehindert, ohne Wissen des Kunden über sein Schicksal zu richten.

Auslöser

Auslöser des Ratingprozesses kann jede Transaktion sein, bei der sich die Frage nach dem Bonitätsrisiko stellt. In jedem Fall wird eine Bank bei Aufnahme einer Geschäftsverbindung mit einem Neukunden prüfen, in welcher Risikokategorie Geschäfte zu erwarten wären. Ein Kreditantrag ist ein klassischer Auslöser des Ratingverfahrens, da hier die Bank rechtlich zwingend verpflichtet ist, sich eingehend mit der Risikoklassifizierung des Kunden zu befassen.

Ebenso kann jede Aufstockung oder Änderung bestehender Kreditverträge einen Ratingprozess auslösen. Zu den Krediten sind auch Avale zu zählen, bei denen Banken lediglich eine Eventualverbindlichkeit eingehen. Da ein Aval zwar nicht sofort zur Bereitstellung von Geld, wohl aber im Falle der Inanspruchnahme und damit zur Realisation eines Verlustes führen kann, kann auch das Entstehen von Eventualverbindlichkeiten einen Ratingprozess auslösen.

Ist ein Bankkunde (Anker-) Mieter in einer Betreiber- oder Gewerbeimmobilie eines anderen Kunden, kann auch dieser Zusammenhang die finanzierende Bank veranlassen, das Rating des Mieters zu hinterfragen. Schließlich ist die Werthaltigkeit der zu finanzierenden Immobilie maßgeblich von der Qualität des Mieters abhängig.

Auslöser des Ratingprozesses können neben Transaktionen im weitesten Sinne auch Ereignisse sein, die eine Verschlechterung der Bonität des Kunden erwarten lassen, hier Praxisbeispiele:

- So war beispielsweise für ein kleines Unternehmen der plötzliche Tod der mitarbeitenden Ehefrau des geschäftsführenden Gesellschafters trauriger Anlass, die Zukunftsfähigkeit des Unternehmens kritisch zu hinterfragen.
- In einem anderen Fall führte der drastische Preisverfall auf den Absatzmärkten zu einer Korrektur des Ratings.
- Auch sonst werden von Banken alle Faktoren mit Sorge betrachtet, die auf eine Erhöhung des Risikos hindeuten könnten. Umgekehrt können z. B. erfolgreiche Akquisitionen von Großaufträgen auch bonitätsverbessernde Wirkungen haben.

Neben den anlassbezogenen Auslösern des Ratingverfahrens sind die routinemäßigen zu nennen: Aufgrund der Mindestanforderungen an das Kreditgeschäft der Kreditinstitute (MaK) sind Banken verpflichtet, mindestens einmal jährlich die Ratings ihrer Kunden zu aktualisieren.

„Rating Advisory"

Die meisten Großkonzerne lassen sich von spezialisierten Beratern, so genannten Ratingadvisors, auf das Ratingverfahren unabhängiger Agenturen vorbereiten. Jeder Ratingprozess bedarf einiger Vorbereitung, nicht zwingend aber eines externen Beraters. Erst die absehbare Koppelung der Eigenmittelunterlegung im Kreditgeschäft der Banken führte dazu, dass sich auch mittelständische Betriebe der Bedeutung des Ratings für ihren Kreditrahmen, die Zinsbelastung wie auch die Sicherheitenanforderungen bewusst wurden und den Wert einer professionellen Vorbereitung auf den Ratingprozess zu schätzen wussten. Mittlerweile haben hunderte von Beratern den Bedarf erkannt.

Der externe Berater ist möglicherweise weniger „betriebsblind" und kann als Katalysator für die zielgerichtete, unternehmensinterne Datenbeschaffung und -auswertung dienen. Seine Erfahrung aus verschiedenen Ratingprozessen und Unternehmen kommt dem Kunden insbesondere bei der Identifikation kritischer Fragenbereiche sowie im Prozessmanagement zugute.

Neben unabhängigen Beratern wird „Rating Coaching" auch von Banken als entgeltliche Dienstleistung angeboten. Den Bankmitarbeitern kommt dabei ihre genaue Kenntnis des internen Systems zugute, das sie allerdings in der Regel auch im Rahmen des Coachings dem Kunden nicht gänzlich offen legen dürfen. Für Banken eröffnen sich zusätzliche Ertragspotentiale, indem die Aufklärung über das für den Kunden essentielle Rating als honorarpflichtige Beratung verkauft wird.

Insbesondere bei der Vorbereitung auf das Rating durch eine unabhängige Agentur kann die Beratung durch die Bank eine lohnende Ausgabe sein. Große IT-Unternehmen, die die Platzierung einer Anleihe am Kapitalmarkt planen, sichern sich so die Unterstützung ihrer Investmentbank, die anschließend auch mit der Platzierung der Anleihetranchen befasst ist.

Ein gutes Rating liegt im beiderseitigen Interesse von Bank und Kunde. Die Bereitschaft der Banken, ihre Kunden optimal auf den Ratingprozess vorzubereiten, endet jedoch dort, wo vordergründiges Ziel lediglich die Aufbesserung des Ratings ist. Das Rating wird automatisch besser, wenn das Unternehmen ganzheitlich besser positioniert wird. Banken bieten daher ihren Kunden keine Simulationsrechnungen, die das Ziel verfolgen, durch minimale Verbesserung einzelner Parameter eine bessere Ratingklasse zu erreichen.

Frequenz

Aufgrund der aufsichtsrechtlichen Anforderungen müssen Banken mindestens einmal jährlich die Ratings ihrer Kunden überprüfen. Weitere Anlässe können auch zu einer unterjährigen Überprüfung der Ratings führen. Jeder neu eingereichte Jahresabschluss eines IT-Unternehmens löst in der Regel bei der Bank eine solche Maßnahme aus. Auch wenn keine neuen Daten vorliegen, müssen Banken nach Ablauf einer kurzen Karenzfrist handeln.

Das Thema „Rating" darf unternehmensintern nicht jeweils auf das Ende der Jahresabschlussarbeiten vertagt werden. Rating verhält sich wie der Tachometer im Auto: Es wird das jeweilige, momentane Risiko angezeigt. Wer unternehmerische Risiken unter Kontrolle behalten will, muss schon bei jeder betriebswirtschaftlichen Auswertung über Ratingkonsequenzen nachdenken.

Je schlechter das Rating eines Unternehmens ist, desto intensiver muss sich dieses mit den Ratingfragen auseinandersetzen. Während in den obersten Bonitätsklassen die Konsequenzen von Ratingänderungen sowohl in Bezug auf die Zins- und Konditionengestaltung als auch in Bezug auf die Verfügbarkeit von Kreditlinien eher marginal sind, können am anderen Ende der Skala Herabstufungen zu existenziellen Gefährdungen führen. Wie beim Schulzeugnis eines schwachen Schülers können ein oder zwei mangelhafte Noten die Versetzung gefährden, während umgekehrt gute Noten auf kurze Sicht den Lebensweg zunächst kaum verändern.

Was schon in der Schule seine Richtigkeit hat, gilt mehr noch für Unternehmen: Wer erst kurz vor dem Abschlusszeugnis über seine Hausaufgaben nachdenkt, für den ist es meist zu spät. Nur wenn kontinuierlich an allen Kriterienbereichen gearbeitet wird, besteht Aussicht auf Erfolg.

Prozessverlauf

Gleich, ob bereits langjähriger Kunde einer Bank oder nicht, stets begleitet der Ratingprozess die (neue) Bankverbindung. Der Kreditantrag wird bei einer Bank, zu der bisher keine Verbindung bestand, natürlich wesentlich „gründlicher" geprüft: Damit ist jedoch keineswegs immer auch ein „strengeres" oder „genaueres" Urteil verknüpft. Die Bank, die ihren Kunden (noch) nicht kennt, muss sich auch Informationen von Kreditauskunfteien und sonstigen Kreditbüros beschaffen, um von möglicherweise nachteiligen Vorgeschichten und Ereignissen Kenntnis zu erlangen. Während bei der Hausbank Jahresabschlüsse bzw. Einnahmen-Überschussrechnungen ohnehin jährlich einzureichen sind, müssen von einem neuen Kreditgeber diese Informationen in gebündelter Form eingereicht werden.

- Es genügt nicht, auf das Rating einer anderen Bank zu verweisen.
- Während das Rating einer anerkannten Ratingagentur gegebenenfalls bei verschiedenen Kreditinstituten für Zwecke der Eigenmittelunterlegung im Kreditgeschäft berücksichtigt werden kann, gilt jedes bankinterne Rating nur für das urteilende Institut.
- Klassifizierungen anderer Banken sind nicht maßgeblich und dürfen nicht herangezogen werden.

Während durch das Rating unabhängiger Agenturen quasi ein universeller „Führerschein" für die „Risikoklasse des gewünschten Fahrzeugs" ausgestellt wird, ist das bankinterne Rating nur für das jeweilige Institut maßgebend. Der von deutschen Banken präferierte Weg ist die Erteilung eigener Ratings, die nicht auch von anderen (z. B. ausländischen) Banken genutzt werden können. Der „Führerschein" beziehungsweise das Rating bezieht sich jeweils nur auf das hauseigene Modell, so dass ein Wechsel mit demselben Rating von einer Bank zur anderen nicht ohne weiteres möglich ist. Für die Banken bietet dieser Ansatz Vorteile hinsichtlich der Kundenbindung.

In jedem Fall lohnt sich die Frage nach einer Broschüre, die über das jeweilige bankinterne Rating aufklärt. Da jedes Kreditinstitut an der Auskunftswilligkeit seiner Kunden interessiert sein muss, helfen Kundenberater gerne, die notwendigen Unterlagen aufzulisten und den hauseigenen Ratingprozess zu verstehen.

3.8 Einfluss von Sicherheiten

Die Bank hat bei jeder Kreditgewährung, soweit nicht etwas anderes ausdrücklich oder stillschweigend vereinbart wurde, nach den Allgemeinen Geschäftsbedingungen (AGB) einen vertraglichen Anspruch auf die Bestellung oder Verstärkung bankmäßiger Sicherheiten. Jedes Lehrbuch zum Kreditgeschäft räumt daher den „Sicherheiten" breiten Raum ein. Personalsicherheiten werden von Sachsicherheiten unterschieden, akzessorische von nichtakzessorischen (fiduzarischen) Sicherheiten usw. Durch Drittsicherheiten tritt ein Dritter als Bürge für die Erfüllung der Verbindlichkeiten des Hauptschuldners gegenüber dem Gläubiger ein.

Zu den Personalsicherheiten zählen:

- Bürgschaften in verschiedenen Varianten (Mit- oder Teilbürgschaft, Rückbürgschaft, Nachbürgschaft, Ausfallbürgschaft, Wechselbürgschaft, Bürgschaft auf erstes Anfordern, Prozessbürgschaft),
- Kreditauftrag,
- Garantie (direkt oder indirekt),
- Gesamtschuldnerschaften,
- Patronatserklärungen,
- Organschaftserklärungen und
- sonstige Erklärungen (gesellschaftsrechtliche Haftung, Abkaufsverpflichtung, Verpflichtung zu künftiger Sicherheitsleistung, Forderungsrücktritt und so genannten „Financial Covenants").

Demgegenüber werden Sachsicherheiten definiert durch:

- Pfandrecht,
- Sicherungsübereignung,
- Sicherungsabtretung oder
- Grundpfandrechte (Hypotheken, Grundschulden)

Sachsicherheiten verändern das Ausfallrisiko eines Unternehmens nicht: Dem Gläubiger dient die Sachsicherheit als dingliches Recht, sich aus bestimmten Gegenständen, beweglichen oder unbeweglichen Sachen, Forderungen oder sonstigen Rechten, insbesondere im Insolvenzfall und bei Pfändungen bevorzugt im Verhältnis zu dem Eigentümer und sonstigen Dritten zu befriedigen. Die Sachsicherheit wird daher erst wirksam, wenn der Ausfall bereits eingetreten ist. Auf die Wahrscheinlichkeit, dass es zu einem Ausfall kommt, hat die Bestellung eines Gegenstandes als Sachsicherheit daher keinen Einfluss.

Durch Sicherheiten wird nicht die Wahrscheinlichkeit erhöht, dass das IT-Unternehmen aus seinen Einnahmenüberschüssen Kredite zurückzahlen kann. Sie begrenzen lediglich die Verluste der Bank, wenn das Unternehmen in Schwierigkeiten geraten ist. Obwohl Sicherheiten daher keine direkte Wirkung auf das Rating haben, bleiben sie in der Kreditwürdigkeitsprüfung der Bank natürlich nicht unbeachtet: Indem sie das Verlustrisiko der Bank begrenzen, helfen sie, Eigenmittel der Bank zu schonen. Je mehr die bestellten Sicherheiten wert sind, desto niedriger ist der kalkulatorische Risikokostenansatz der Bank und somit der risikoorientierte Zinsaufschlag. Auch bei der Eigenmittelunterlegung nach Basel II werden Sicherheiten berücksichtigt.

Solange die Grenzen der Sittenwidrigkeit nicht überschritten werden, kann die Bestellung weiterer Sicherheiten nur von Vorteil sein. Auf das Rating können allerdings nur solche Sicherheiten wie Patronatserklärungen von Einfluss sein, die im Rahmen der Analyse von Haftungsverbünden betrachtet werden.

Die einseitige Begünstigung von Kreditgebern durch Sicherheiten kann auf das Rating jedoch auch negativ wirken: Sieht sich eine kreditgebende Bank durch die bevorzugte Berücksichtigung der Interessen eines anderen Instituts benachteiligt, könnte dies ihre Kreditbereitschaft einschränken, schlimmstenfalls sogar zur Kreditkündigung führen. Letztere bliebe dann nicht ohne schädlichen Einfluss auf das bankinterne Rating selbst derjenigen Bank, zu deren Gunsten die Sicherheiten bestellt wurden. Da bei IT-Unternehmen Sachsicherheiten jedoch eine vergleichsweise untergeordnete Rolle spielen, dürfte dies ein seltener Fall bleiben.

Wer als IT-Unternehmen Sachsicherheiten zu bieten hat, sollte davon Gebrauch machen: Alles andere würde „verschenktes Geld" bedeuten, denn die Bank kann noch günstigere Kreditkonditionen bieten, wenn sie sich notfalls aus werthaltigen Sicherheiten befriedigen kann. Sicherheiten ins Kreditgespräch einzubringen, spricht auch für die Professionalität des Finanzmanagements, wenn alle Ressourcen des Unternehmens konsequent genutzt werden.

3.9 Fazit

Gleich, ob aktuell ein Kredit in Anspruch genommen wird oder nicht: Jeder Kunde muss einem Risikoklassifizierungsverfahren unterworfen werden. So will es die Bundesanstalt für Finanzdienstleistungsaufsicht aufgrund ihrer Mindestanforderungen an das Kreditgeschäft der Kreditinstitute. Demnach haben Banken Fragen nach der Zins- und Konditionengestaltung, nach der Sicherheitenbestellung, nach den Kreditvolumina sowie nach den internen Arbeitsabläufen je nach erteiltem Rating zu beantworten.

Da dem bankinternen Rating rechtlich zwingende Konsequenzen zugeordnet sind, lohnt es sich, das eigene Rating in Erfahrung zu bringen. Insbesondere sollte sich jedes IT-Unternehmen vergewissern, dass die bankinterne Beurteilung nicht auf falschen Annahmen oder fehlerhaften Dateneingaben beruht. Ein zu schlechtes Rating könnte fatale Folgen für den Kreditspielraum des Unternehmens haben.

4 Auskunfteien und Kreditversicherer

Durch Basel II und die öffentliche Diskussion um das Rating wurde den Leistungen von Kreditauskunfteien und Kreditversicherern höhere Aufmerksamkeit zuteil. Insbesondere bei der Aufnahme von Geschäftsverbindungen verdienen die von diesen Institutionen gesammelten Daten Beachtung.

Nicht nur bei Banken und unabhängigen Agenturen, sondern auch bei Auskunfteien und Kreditversicherungen geht es um „Ratings". Zur Unterscheidung wird hier auch zum Beispiel vom „Bonitätsindex" gesprochen. Ratings dienen allen genannten Organisationen für unterschiedliche Bedürfnisse.

Bei der Beurteilung von Geschäftspartnern kommt es in der Regel auf kurze Sicht an: Wird der Kunde innerhalb der Vereinbarungen zahlen? Wird der Lieferant liefern können? Wird ein Geschäftspartner seine Zusagen erfüllen können? Gut 99 % aller (Einzel-) Zahlungen in der deutschen Volkswirtschaft werden über Beträge von weniger als 100.000 Euro geleistet. Durch die meisten Zahlungen werden kurzfristige Verbindlichkeiten befriedigt. Mithin bezieht sich das Informationsbedürfnis der meisten Gläubiger darauf, mehr über die kurzfristige Zahlungsbereitschaft eines Schuldners zu erfahren. Dieses Bedürfnis wird in Form entgeltlicher Kreditauskünfte befriedigt.

4.1 Angebote der Auskunfteien am Beispiel von Bürgel

Nicht erst nach Basel II, sondern praktisch schon seit Entstehen der Geldwirtschaft und des Handels gibt es das Bedürfnis, mehr über die Zahlungsfähigkeit von Geschäftspartnern zu erfahren. Hierbei steht das Interesse an der Frage im Vordergrund, ob der zu beurteilende Geschäftspartner wirtschaftlich in der Lage und willig sein wird, seine Zahlungsverpflichtungen vollständig und rechtzeitig zu erfüllen. Die meisten Forderungen aus dem Waren- und Dienstleistungsverkehr sind kurzfristiger Art, so dass es nicht auf die Beurteilung langfristiger Unternehmensstrategien, sondern vielmehr auf das laufend zu beobachtende Zahlungsgebaren ankommt.

Auf die Befriedigung des Bedarfs an bonitätsrelevanten Unternehmensinformationen haben sich schon im vorletzten Jahrhundert die Kreditauskunfteien spezialisiert. Sie erlauben es, sich schnell und einfach über die wesentlichen Daten nahezu jedes Unternehmens zu informieren: Adresse, Rechtsform, Gründung, Handelsregister, Stammkapital, Mitarbeiter, Jahresumsatz, Immobilien, Banken, Zahlungsweise bis hin zur Kreditfrage werden erfasst.

Im Unterschied zu Ratingagenturen werden Kreditauskunfteien in der Regel nicht im Auftrag des zu beurteilenden Unternehmens, sondern von sich aus oder auf Wunsch von Geschäftspartnern tätig. Meist erfassen die Kreditauskunfteien Unternehmen bereits kurz nach ihrer Gründung, nachdem die Eintragung ins örtliche Handelsregister erfolgt ist. Mit Fragebögen oder auch telefonisch werden weitere Informationen erfragt und von Mitarbeitern der Auskunfteien aufgezeichnet.

Die meisten IT-Unternehmen sind bei mindestens einer Auskunftei erfasst. Professionell arbeitende Neukunden holen vor Auftragserteilung eine Auskunft ein, um sich über die Leistungsfähigkeit des Auftragnehmers zu überzeugen. Somit sind die von Kreditauskunfteien erhobenen Angaben nicht nur für Banken relevant, die bei Aufnahme einer Geschäftsverbindung üblicherweise die Berichte der Auskunfteien abfordern.

Die Bedeutung der Zusammenarbeit mit Kreditauskunfteien wird von den erfassten Unternehmen oft unterschätzt. Fragebögen oder gar „inquisitorisch" wirkende Anrufe von Mitarbeitern der Auskunfteien werden als lästig empfunden, abgewimmelt oder gar mit aus dem Stehgreif geschätzten Daten „abgespeist". Übertreibungen bei Angaben über die „gute" Vermögens-, Ertrags- und Finanzlage, überhöhte Umsatzangaben usw. sind keine Seltenheit. Da diese Angaben von Unternehmensexternen meist nicht sofort auf ihren Wahrheitsgehalt hin überprüft werden können, werden sie zunächst in die Datenbank der Auskunftei aufgenommen. Umso größer ist allerdings der Vertrauensschaden, wenn sich die Angaben als falsch erweisen sollten.

IT-Unternehmen sind vor dem Hintergrund des Stellenwertes, den Kreditauskunfteien in einem von Insolvenzen und Zahlungsstörungen gekennzeichneten Umfeld erlangt haben, gut beraten, Anfragen der Auskunfteien aktuell und zutreffend zu beantworten. Auskunfteien handeln letztlich stets im Auftrag von Kunden, Lieferanten, Kreditgebern, sonstigen Gläubigern und Geschäftspartnern des Unternehmens, so dass es auf ihre Daten ankommt.

Für die Angebote der Auskunfteien wie Creditreform oder Dun & Bradstreet sei hier beispielhaft Bürgel genannt. Bürgel bietet Wirtschaftsinformationen seit 1885 an. Das Bürgel Rating (Bürgel Bonitätsindex) ist das Ergebnis permanenter Analysen eines Datenbestandes zu rund 3,5 Mio. deutschen Unternehmen und zusätzlicher statistischer Vergleichswerte. Der Bürgel Bonitätsindex ist ein (Frühwarn-)Indikator, der die Ausfallwahrscheinlichkeit eines Unternehmens innerhalb der nächsten zwölf Monate prognostiziert. Bis zu zehn Merkmale werden zur Bonitätsbewertung herangezogen.

Als Basis-Merkmale fließen in die Bonitäts-Berechnung ein:

▪ Haftungskapital	Folgende Merkmale
▪ Rechtsform	vervollständigen die Bewertung:
▪ Negativmerkmale	
▪ Jahresumsatz	Ausfallwahrscheinlichkeitsrisiko
▪ Umsatz je Mitarbeiter	der Branchen
▪ Unternehmensalter	
▪ Grundbesitz	Ausfallwahrscheinlichkeitsrisiko
▪ Zahlungserfahrungen	der Wirtschaftsregion
▪ Mitarbeiteranzahl	
▪ Beurteilung der Geschäftsverbindung	

Merkmale nach Bürgel

Die einzelnen Daten fließen - je nach statistischer Aussagekraft und Trennfähigkeit - mit unterschiedlicher Gewichtung ein. Informationen zu Haftungskapital und Zahlungserfahrungen werden besonders stark gewertet. Daneben werden die einzelnen Daten klassifiziert. Die Ausfallwahrscheinlichkeit der Branche und der Region fließen zusätzlich als multiplikative Faktoren in die Berechnung ein. Sie werden mindestens im Quartalsabstand neu ermittelt.

Bürgel-Bonitätsindex Range	Ausfallwahrscheinlichkeit in %		Beurteilungssystem
1,0 - 1,4 1,5 - 1,9	0,1 0,5	Sehr gute Bonität	Das Ausfallrisiko dieses Unternehmens wird als sehr gering eingeschätzt.
2,0 - 2,4 2,5 - 2,9	1,1 2,2	Gute bis befriedigende Bonität	Das Ausfallrisiko wird als unterdurchschnittlich bis durchschnittlich eingeschätzt.
3,0 - 3,3 3,4 - 3,8	4,0 6,0	Schwache Bonität	Das Ausfallrisiko wird als überdurchschnittlich hoch eingeschätzt.
3,9 - 4,2 4,3 - 4,9	9,0 13,5	Sehr schwache Bonität	Das Ausfallrisiko wird als weit überdurchschnittlich hoch eingeschätzt.
5,0 - 5,9	21,5	Es liegen weiche Negativmerkmale vor.	Das Ausfallrisiko wird als sehr hoch eingestuft.
6,0	100	Es liegen harte Negativmerkmale vor.	Das Ausfallrisiko liegt bei nahezu 100%.
(0)	ca. 2%	Kunden bzw. Debitoren, für die keine ausreichenden Informationen vorliegen.	Das Ausfallrisiko wird auf die durchschnittliche Markt-Ausfallrate eingeschätzt.

Bürgel-Bonitätsindex Range

Für den Zusammenhang zwischen Bonitätsindex und Ausfallrate ergibt sich ein ähnliches Bild wie bei Creditreform, denn auch hier steigen die Ausfallrisiken mit niedrigerer Bonitätsklasse exponentiell an:

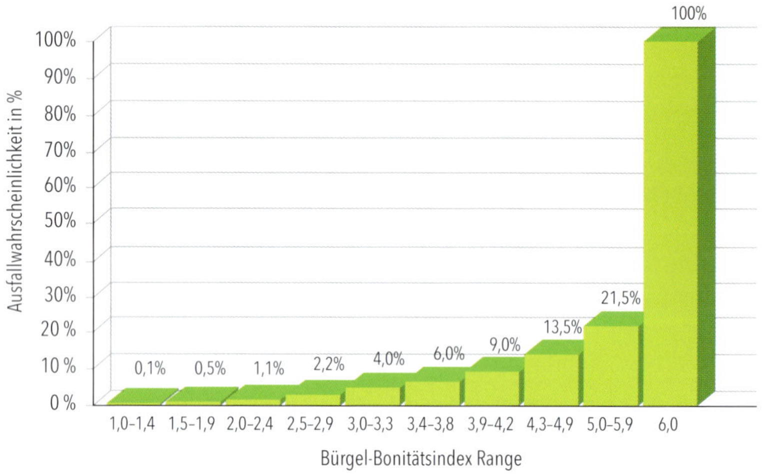

Ausfälle nach Bürgel

Die nachfolgende Tabelle zeigt Softwareunternehmen (WZ-Code 72) in Hessen verteilt auf Bürgel Bonitätsindex und empfohlenen Höchstkredit für Geschäftspartner. Je höher das Risiko, desto niedriger der empfohlene Höchstkredit. Umgekehrt genießen solche Unternehmen eine hohe Kreditempfehlung, die einen guten Bonitätsindex und damit eine niedrige Ausfallwahrscheinlichkeit aufweisen.

Softwareunternehmen (WZ-Code 72) in Hessen verteilt auf BÜRGEL Bonitätsindex und Höchstkredit

BBI* / Höchstkredit	< 5.000 €	5.000 bis 9.999 €	10.000 bis 20.000 €	> 20.000 €	keine Angaben	Gesamt
1,0 - 1,4				3	2	**5**
1,5 - 1,9	1	3	9	51	3	**67**
2,0 - 2,4	337	260	257	311	1	**1166**
2,5 - 2,9	653	285	119	56	72	**1185**
3,0 - 3,3	80	6	1	3	3	**93**
3,4 - 3,8	25	1	2			**28**
3,9 - 4,2	1				81	**82**
4,3 - 4,9					10	**10**
5,0 - 5,9						**0**
6,0					45	**45**
(0)	22	9	7	12	520	**570**
Gesamt	**1119**	**564**	**395**	**436**	**737**	**3251**

** Bürgel Bonitätsindex*

Die Datenbank von Bürgel erlaubt darüber hinaus zahlreiche weitere Auswertungen. So ist zum Beispiel der Zusammenhang zwischen gewählter Rechtsform und Ausfallrisiko von Interesse. Die Tabelle zeigt Softwareunternehmen (WZ-Code 72) in Hessen verteilt auf Bürgel Bonitätsindex und Rechtsform.

Softwareunternehmen (WZ-Code 72) in Hessen verteilt auf BÜRGEL Bonitätsindex und Rechtsform

BBI* / Rechtsform	BGB-Gesellschaft	Gewerbe-Betrieb	GmbH	GmbH & Co. KG	AG	Einzelfirma/ Freie Berufe	KG/ andere	Gesamt
1,0 - 1,4			5					**5**
1,5 - 1,9	2	5	43	4	12		1	**67**
2,0 - 2,4	41	353	597	32	61	52	30	**1166**
2,5 - 2,9	39	354	667	38	42	38	7	**1185**
3,0 - 3,3	3	24	55	3	4	3	1	**93**
3,4 - 3,8	1	8	15	1		2	1	**28**
3,9 - 4,2	5	17	51	2	3	1	3	**82**
4,3 - 4,9	1	1	5			2	1	**10**
5,0 - 5,9								**0**
6,0	3	28	3			8	3	**45**
(0)	2	229	237	26	9	57	10	**570**
Gesamt	**97**	**1019**	**1678**	**106**	**131**	**163**	**57**	**3251**

** Bürgel Bonitätsindex*

Die Auswertung zeigt, dass in Hessen – gemessen am Bürgel-Bonitätsindex – viele sehr leistungsfähige Softwareunternehmen ansässig sind. Die geringe Zahl der erfassten Unternehmen mit niedrigen Indexausprägungen (also mit den besten Noten) deutet jedoch darauf hin, dass für viele Unternehmen Verbesserungsmöglichkeiten bestehen, die gegebenenfalls durch einen professionelleren Umgang mit dem Thema „Rating" bewirkt werden könnten.

4.2 Handelsrating

Neben Banken gehen gewerbsmäßig auch Kreditversicherungen Bonitätsrisiken ein. Daher haben Kreditversicherungsgesellschaften eine beachtliche Expertise zur Beurteilung von Ausfallrisiken entwickelt. Die Ergebnisse ihrer Beurteilungen nutzen sie nicht nur zur Zeichnung von Versicherungsverträgen, sondern stellen sie auch Kunden zur Beurteilung des Risikogehalts von Geschäftsverbindungen zur Verfügung. Ein innovatives Konzept, im Handel zwischen Unternehmen eine Hilfestellung zur Beurteilung von Ausfallrisiken zu geben, ist das @rating der Allgemeinen Kreditversicherung Coface in Mainz. Das @rating-Konzept basiert auf der @rating Bewertung, einer komprimierten Bonitätsaussage, welche die Bereitschaft der Coface-Gruppe widerspiegelt, Transaktionen mit den von ihr bewerteten Unternehmen abzusichern.

Wer ganz auf Nummer sicher gehen will, kann seine Transaktionen über „@rating Protection" auch im Einzelfall bis zu 100% absichern. Die @rating-Dienstleistungen sind unter **www.cofacerating.de** rund um die Uhr verfügbar. Ob es um die Information über Geschäftspartner geht oder das @rating Quality Label für das eigene Unternehmen genutzt werden soll, mit @rating steht ein über Länder- und Sprachbarrieren hinweg nutzbares Instrument zur Verfügung. Die @rating Bewertung kennt dank des umfassenden Netzwerkes der Kreditversicherungsgesellschaften keine Grenzen: Ob in entwickelten Märkten oder in Schwellenmärkten, überall kann sich somit schnell und kostengünstig jedes Unternehmen ein Bild über seine Geschäftspartner machen.

4.3 Fazit

Auskunfteien haben einen schweren Stand: Auf der einen Seite werden ihre Anfragen von den angeschriebenen Unternehmen oft nachlässig bearbeitet und beantwortet, auf der anderen Seite wollen sich Geschäftspartner anhand ihrer Kreditberichte zuverlässig, schnell und kostengünstig ein Urteil über die Zahlungsfähigkeit ihrer Kunden und die Lieferfähigkeit ihrer Lieferanten bilden.

Vielen Unternehmen ist kaum bewusst, dass ihnen aufgrund mangelnder oder (vermeintlich) schlechter Einträge in den Datenbanken der Auskunfteien Umsatz verloren geht. Gerade IT-Unternehmen sollten sich daher mit den Informationen befassen, die über sie in den Datenbanken der verschiedenen Anbieter gespeichert und weltweit verbreitet werden.

Von besonderer Bedeutung sind die Kreditversicherer, die von ihren Versicherungsnehmern frühzeitig Signale darüber erhalten, welche Unternehmen zu den „schlechten Zahlern" gehören. Wer glaubt, seine Finanzierungsspielräume zu Lasten kleiner Lieferanten ausbauen zu können, bezahlt seine schlechte Zahlungsmoral oft mit einem schlechten Rating.

5 Nutzen und Funktionen von Ratings

Ratings für IT-Unternehmen sind unterschiedlichen Zielgruppen von Nutzen. Zudem nehmen Ratings Funktionen wahr, die ihnen zum Teil sogar gesetzlich nach Basel II beigemessen werden. Nutzen und Funktionen von Ratings für IT-Unternehmen zeigen sich aus den Perspektiven der Ratingadressaten: Geschäftsleitung, Kreditinstitute, Versicherungen, institutionelle Anleger, Kapitalgeber, Geschäftspartner, Kunden, Lieferanten, Mitarbeiter, Öffentlichkeit und Aufsichtsinstitutionen.

5.1 Ratingadressaten

Ratingadressaten sind alle diejenigen, an die sich ein Ratingurteil wenden kann.

Geschäftsleitung

An vorderster Stelle muss die Geschäftsleitung eines IT-Unternehmens am Rating interessiert sein – schließlich geht es um die Existenz des Unternehmens. Die Abwendung der Gefahr einer Insolvenz gehört zu den obersten Pflichten jeder Geschäftsleitung. Insbesondere für die Beurteilung, ob das Unternehmen noch liquide Mittel im Wege der Außenfinanzierung erhalten kann, kommt es auf die Sichtweise externer Kapitalgeber an, die sich ihr Urteil anhand eines Ratings bilden. Zwischen Selbstbild und Fremdbild können große Unterschiede bestehen. Ein Rating kann daher helfen, zu einer realistischen Selbsteinschätzung zu gelangen.

Kreditinstitute

Die von der Bundesanstalt für Finanzdienstleistungsaufsicht aufgestellten Mindestanforderungen an das Kreditgeschäft der Kreditinstitute verpflichten jede Bank, anlassbezogen und turnusmäßig jeden Kreditnehmer einem Risikoklassifizierungsverfahren zu unterziehen. Banken werden nach Basel II ferner dazu angehalten sein, ihre aufsichtsrechtlich verlangte Eigenmittelunterlegung im Kreditgeschäft anhand erteilter Ratings zu bestimmen. Abgesehen von den rechtlichen Verpflichtungen, mit Ratings zu arbeiten, sprechen insbesondere ökonomische Gründe dafür, dass Banken bei der

Wahrnehmung ihrer Transformationsfunktionen mit Ratings arbeiten: Die Beurteilung von Kreditrisiken gehört zu ihren Kernfunktionen, so dass Ratings das geeignete Instrument darstellen, um diese wahrzunehmen. Banken sind auch als institutionelle Anleger an Ratings interessiert.

Versicherungen

Versicherungsgesellschaften greifen wie Banken als institutionelle Anleger und als Geld-, Kredit- und Kapitalgeber auf Ratings zurück. Von besonderer Bedeutung sind Ratings in der Kreditversicherung, da sich nach dem erteilten Rating die Limitberechnung und die Höhe der Versicherungsprämien bestimmt. Die Allgemeine Kreditversicherung Coface bietet beispielsweise eine spezielle Ratingform an, das so genannte @rating, das unmittelbar auch die Bereitschaft des Kreditversicherers indiziert, Versicherungsschutz für bestehende Handelsforderungen zu bieten.

Institutionelle Anleger

Für viele institutionelle Anleger scheidet jedes Engagement bei einem IT-Unternehmen von vornherein aus, da diese nicht durch unabhängige Agenturen geratet sind. Zu den institutionellen Anlegern zählen nicht nur Banken und Versicherungen, sondern auch Pensionskassen, Kirchen und sonstige Geldsammelstellen. Insbesondere in den USA sehen es die Statuten von Pensionsfonds vor, dass nur in solche Papiere investiert werden darf, die auch über (oft mindestens zwei) Ratings anerkannter Agenturen verfügen. Damit soll sichergestellt werden, dass die diesen Institutionen anvertrauten Gelder nicht in spekulativen Investments verloren gehen.

Kapitalgeber

Auch für alle anderen Kapitalgeber sind Ratings von Interesse, da Ratings das Ausfallrisiko und damit eine wesentliche Determinante des Anlageerfolgs klassifizieren. Nicht nur für Banken, sondern für alle Gruppen von Eigen- und Fremdkapitalgebern sind Ratings relevant. Aktionäre oder Gesellschafter von IT-Unternehmen erhalten mit dem Rating eine Ankerinformation darüber, unter welchen Bedingungen fremde Mittel aufgenommen werden könnten. Keinem Kapitalgeber eines IT-Unternehmens kann es egal sein, ob Gläubiger dem Eintritt einer Insolvenz eine hohe Wahrscheinlichkeit geben.

Geschäftspartner

Wer langfristige Geschäftsverbindungen eingehen will, kann sich nicht damit begnügen, dass über den in Frage stehenden Geschäftspartner keine Negativauskünfte erhältlich sind. Die Abwesenheit von Negativkriterien, wie sie von Kreditbüros und Auskunfteien über Kreditnehmer gesammelt werden, enthält keine Prognose über die Zukunftsfähigkeit des Unternehmens. Durch ein Rating werden nicht nur die negativen, sondern auch die positiven leistungs- und finanzwirtschaftlichen Aspekte eines IT-Unternehmens gewürdigt, um die Bestandssicherheit abzuschätzen. Für Geschäftspartner stellen die auf die langfristige Perspektive eingestellten Ratings auch eine gute Grundlage dar, um Vereinbarungen darüber zu treffen, welche Konsequenzen mögliche Verbesserungen oder Verschlechterungen des Ratings für die Geschäftsbeziehung haben sollen.

Kunden und Lieferanten

Kunden und Lieferanten lassen sich oft von dem vermeintlich „guten Namen" eines IT-Unternehmens blenden. Nach eingetretener Insolvenz sind Forderungsausfälle und Lieferstörungen die Konsequenz. Geschäftsmodelle, die vor wenigen Jahren noch erfolgreiche IT-Unternehmen zu begründen vermochten, sind heute möglicherweise schon obsolet. Aus Vergangenheitsdaten zur Vermögens-, Ertrags- und Finanzlage lassen sich solche Veränderungen kaum ablesen. Daher bedarf es eines umfassenden, unabhängigen Ratings, um die Ausfallgefährdung unter Würdigung aller, auf die künftige Entwicklung einwirkender Einflussfaktoren zu schätzen.

Mitarbeiter

Mancher neue Mitarbeiter eines IT-Unternehmens wurde durch die Liquidation oder gar Insolvenz seines Arbeitgebers überrascht. Selbst wenn dem Mitarbeiter möglicherweise Zahlen des Jahresabschlusses des Unternehmens zugänglich waren, so geben diese doch nur mit zeitlicher Verzögerung eine stark rückwärtsgewandte Sicht wieder. Ferner ist nicht jedem Mitarbeiter von der Pforte bis zum Server das betriebswirtschaftliche Verständnis der Zusammenhänge zuzumuten, die über die Sicherung seines Arbeitsplatzes entscheiden. Ein Rating, das in der Art einer

Schulnote die Bestandsgefährdung zum Ausdruck bringt, ist jedermann verständlich und kann schon bei der Bewerbung als ein Indiz herangezogen werden, bei welcher Adresse man eigentlich vorstellig wird.

Öffentlichkeit

Insolvenzen von IT-Unternehmen bestimmen immer wieder die Medienberichterstattung. Tausende von Insolvenzen selbst einst glänzender Adressen haben das Bewusstsein der Öffentlichkeit für die Problematik der Ausfallgefährdung gestärkt. Die öffentliche Diskussion nimmt daher immer häufiger Bezug auf die den möglicherweise betroffenen Unternehmen erteilten Ratings.

Aufsicht

Wie schon mehrfach angesprochen, sehen Aufsichtsbehörden in Ratings ein wichtiges Hilfsmittel, um ihre Funktionen wahrzunehmen. Dabei sind nicht nur die für die Beaufsichtigung von Banken zuständigen Behörden anzusprechen, sondern auch die Instanzen, die über Versicherungsgesellschaften und das ordnungsgemäße Funktionieren der Wertpapiermärkte wachen. In Deutschland sind die früher auf die Bundesaufsichtsämter für das Kreditwesen, für das Versicherungswesen und für den Wertpapierhandel verteilten Funktionen seit 1. März 2002 in der Bundesanstalt für Finanzdienstleistungsaufsicht gebündelt worden.

5.2 Ratingfunktionen

Für jeden der genannten Ratingadressaten können Ratings in unterschiedlichem Umfang verschiedene Funktionen wahrnehmen. Exemplarisch seien hier Ratingfunktionen skizziert, wie sie für IT-Unternehmen - je nach Größenordnung und Spezialisierung - relevant sein können.

Steuerungsinstrument

Für jedes Unternehmen, gleich welcher Umsatzklasse, ist das eigene Rating als Steuerungsinstrument von Bedeutung. Mit dem Rating kann die Sichtweise externer Kapitalgeber, insbesondere der Banken, nachempfunden und verstanden werden, welche Folgen bestimmte unternehmerische Entscheidungen für die Bonität des Unternehmens haben können.

Rating funktioniert hierbei wie der Tachometer im Auto: Der Tachometer kann keinen Unfall verhindern, die Beachtung der momentanen Geschwindigkeit kann jedoch rechtzeitige Änderungen des Fahrverhaltens ermöglichen und das Risiko reduzieren. Wer die Existenz seines Unternehmens sichern will, setzt alles daran, die durch ein Rating zum Ausdruck kommende Ausfallgefährdung im Griff zu behalten.

Kreditentscheidung

Das Rating darf nicht mit der Kreditentscheidung verwechselt werden: Für diese sind stets noch zahlreiche weitere Aspekte außer dem Rating maßgeblich. Das Rating darf auch nicht mit einer Handlungsempfehlung zur Durchführung eines Kreditgeschäfts verwechselt werden. Kreditentscheidungen professionell arbeitender Kreditgeber, auch jenseits der Banken, stützen sich aber in immer stärkerem Maße auf das erteilte Rating. Da das Rating die Quintessenz der Bonitätsbeurteilung auf eine einheitliche Skala bringt, lassen sich anhand des Ratings Fragen zur Höhe des Kreditvolumens, zur Zins- und Konditionengestaltung, zur Sicherheitenbestellung sowie zu den internen Zuständigkeitsregelungen beantworten.

Eigenmittelunterlegung

Die Eigenmittelunterlegung, die in den letzten Jahren oft im Vordergrund der Diskussion um Rating und Basel II stand, ist lediglich eine von zahlreichen Funktionen des Ratings. Auch das Gewicht der Eigenmittelunterlegung in der bankinternen Kalkulation ist vergleichsweise gering, wenn es sich um ein kleines IT-Unternehmen handelt. Oft wurde bei der Erörterung der Konsequenzen von Basel II für kleine und mittlere IT-Unternehmen übersehen, dass (Groß-) Banken schon in der Vergangenheit eine am Rating ausgerichtete, differenzierte Eigenmittelunterlegung ihres Kreditgeschäfts vornahmen und diese einkalkulierten, ohne dazu aufsichtsrechtlich gezwungen zu sein.

Risikokostenkalkulation

Jedes Ausfallrisiko verursacht kalkulatorisch Risikokosten. Eine verursachungsgerechte Kalkulation ordnet die Kosten den Risiken so zu, dass ein höheres Risiko mit höheren Kosten berücksichtigt wird. Da die Höhe des Ausfallrisikos durch ein Rating angegeben wird, ist das Rating zentraler Bestimmungsfaktor der Höhe der Risikokosten.

Preisfindung

Die Preisfindung für einen Kundenzins im Bankkreditgeschäft wird nicht nur von den Risikokosten bestimmt, vielmehr müssen auch die Refinanzierungs- bzw. Einstandskosten, die Kosten für die Kreditbearbeitung, Kundenbetreuung und der Overhead der Bank sowie die Renditeanforderung auf das gebundene Eigenkapital berücksichtigt werden. Demnach ergibt sich – vereinfacht – das folgende Schema, hier am Zahlenbeispiel für einen Mittelstandskredit:

Refinanzierungs- / Einstandskosten, z. B. 3-Monats-Euribor	2,3 %
Kosten für Kreditbearbeitung, Kundenbetreuung, Verwaltung der Bank	2,1 %
Standardrisikokosten gemäß Rating	2,4 %
Renditeanforderung auf das gebundene Eigenkapital gemäß Rating	1,2 %
Kundenzins	8,0 %

Je nach Bank, Kunde und Marktsituation können sich diese Zahlen stark voneinander unterscheiden. In jedem Fall wirkt das Rating jedoch gleich mehrfach auf die Kalkulation ein: Sowohl bei der Bemessung der Standardrisikokosten, als ach bei der Bestimmung der Renditeforderung auf das gebundene Eigenkapital.

Versicherungsschutz

IT-Unternehmen mit unterschiedlichen Ratings stellen sich aus Sicht der Versicherungswirtschaft wie Autos mit unterschiedlichen Unfallkostenrisiken dar und sind entsprechend versicherbar – so könnte man stark vereinfachend begründen, warum Rating auch in der Versicherungswirtschaft neue Wege eröffnet. Ein Beispiel dafür ist das von der Allgemeinen Kreditversicherung Coface, Mainz, entwickelte @rating-Konzept (siehe Seite 72).

5.3 Ratings richtig nutzen

IT-Unternehmen sind gut beraten, die sich durch Ratings eröffnenden Gestaltungsmöglichkeiten zu nutzen.

Verhandlungsspielräume erweitern

Wer sein Rating kennt, weiß mit Banken besser zu verhandeln: Mit dem Rating wird der zentrale Bestimmungsfaktor der Zins- und Konditionengestaltung angesprochen. Wer sich bei guter Bonität einer hohen Zinsforderung gegenübersieht, hat in der Regel noch Verhandlungsspielräume zu nutzen. Umgekehrt darf ein sehr niedriger Zins nicht falsch verstanden werden: Im Bestandsgeschäft kann es sich um einen Sanierungszins handeln, der nur bei bereits drohendem oder eingetretenem Ausfall in den untersten Ratingklassen erlaubt wird. Zum besseren Verständnis der eigenen Situation empfiehlt sich in jedem Fall ein Blick auf das Rating.

Kreditkonditionen verbessern

Schon die klare Ausrichtung der Finanzwirtschaft des Unternehmens auf das Rating kann bei der Bank Vorteile bringen: Wer glaubwürdig macht, dass jede eventuelle Verschlechterung des Ratings rechtzeitig erkannt und gegengesteuert werden kann, gibt der Bank mehr Sicherheit in ihrem guten Urteil. Wer systematisch negativ wirkende Einflussfaktoren auf das Rating eliminiert und positiv wirkende stärk, hat zudem Aussichten auf eine Heraufstufung im Rating mit der Konsequenz, verbesserte Kreditkonditionen durchsetzen zu können.

Flexibel Finanzieren

Risikoadjustierte Zinsanpassungsklauseln in Kreditverträgen machen Zinsvereinbarungen direkt von erteilten Ratings abhängig. Jede Veränderung des Ratings kann dann eine Veränderung des Risikoaufschlags implizieren. Kreditlinien können unter diesen Bedingungen großzügiger bemessen werden, da die Bank bei verschlechternder Bonität einen Zinsausgleich für das höhere Ausfallrisiko erhält. Umgekehrt werden automatisch Zinskosten eingespart, wenn sich die Ratingmaßnahmen erfolgreich auswirken.

Vertrauen stärken

So genannte „mezzanine" Finanzierungen bleiben meist noch den größeren IT-Unternehmen vorbehalten, da sich für diese der Aufwand eher lohnt, Fremdkapitalgeber jenseits der Banken zu finden. Bei Großunternehmen macht der klassische Bankkredit ohnehin nur einen kleinen Bruchteil der Bilanzsumme aus. Ein wichtiger Hinderungsgrund für die Erweiterung der Kapitalbasis insbesondere kleiner und mittlerer Unternehmen besteht in der unzulänglichen informationellen Basis bzw. in dem Aufwand, der mit einer systematischen Beobachtung und Beurteilung der Bonität verbunden ist. Das Rating einer unabhängigen, das Vertrauen von Kapitalgebern und -nehmern genießenden Ratingagentur kann hier helfen, die Informationslücke zu schließen und das Vertrauen zu stärken.

Geschäftsbeziehungen pflegen

Wer zahlreiche Geschäftsbeziehungen unterhält, weiß um den damit verbundenen Aufwand. Ratings können helfen, die Schlussfolgerung aus zahlreichen Einzelinformationen schnell und überzeugend zu kommunizieren: Mit einem guten Rating weist sich das Unternehmen als solider Geschäftspartner aus. Ein Ausfall aus finanziellen Gründen ist eher unwahrscheinlich. Internationale Unternehmen nehmen Aussagen über ihr Rating schon längst als selbstverständliches Element ihrer Kommunikationspolitik in der Innen- und Außendarstellung auf.

Risiken steuern

Die Systematik der Ratingkriterien weist auch im Risikomanagement den Weg: Für ein umfassendes Rating müssen Risikofaktoren identifiziert, systematisiert, gewichtet und zusammengeführt werden. Aus dieser Logik folgt, dass Ratingsysteme der geeignete Ausgangspunkt für die Gestaltung des Risikomanagements sind, da so der unmittelbare Bezug zum letztlich entscheidenden, existentiellen Risiko hergestellt wird. Jede leistungs- und finanzwirtschaftliche Maßnahme eines Unternehmens kann positive oder negative Wirkungen auf das Rating haben. Indem diese bewusst gemacht und abgewogen werden, lassen sich mit Hilfe von Ratingansätzen Risiken besser steuern.

Imagevorteil nutzen

Wer viel Negatives zu verbergen und ein schlechtes Urteil zu befürchten hat, winkt beim externen Rating ab. Tatsächlich vermeiden insbesondere solche Unternehmen ein unabhängiges Rating, die ein hohes Ausfallrisiko aufweisen. Die Bereitschaft, sich dem unabhängigen Test zu stellen, wächst aber mit besserer Bonität. Selbst ein „spekulatives" Rating in den mittleren Kategorien kann ein Imagevorteil sein, da dieses die Transparenz und Offenheit des Unternehmens dokumentiert. Ein Rating ist jedem Kapitalgeber lieber als gar kein Rating – nur Spieler setzen ihre Mittel ohne Rücksicht auf das Ausfallrisiko ein.

Der Schnellere gewinnt

In Zeiten des eCommerce gewinnt derjenige, der seine Kunden schneller von den Qualitäten seines Angebots überzeugt. Indem das Rating einfach und konzise von der Finanzstärke berichtet, kann es Zweifel an der Leistungsfähigkeit des Unternehmens aus dem Wege räumen.

5.4 Fazit

Wie dem Schüler die Schulnote so ist das Rating an erster Stelle für das beurteilte Unternehmen selbst von Interesse. Schließlich entscheiden sich nach dem Rating wie nach den Schulzensuren Zukunftschancen. Ratings dienen aber nicht nur der Selbsterkenntnis und auch nicht nur der Bemessung der Eigenmittelunterlegung im Kreditgeschäft der Banken. Rating ist zentraler Dreh- und Angelpunkt für das Kredit- und Konditionengespräch mit Kreditinstituten, da sich die Gestaltungsspielräume insbesondere nach dem erteilten Rating bemessen.

Durch das unabhängige Rating einer anerkannten Ratingagentur lassen sich zudem weitere Kapitalquellen erschließen. Für größere Unternehmen gilt dies sogar international, da beispielsweise amerikanische Pensionsfonds allein nach dem erteilten Rating darüber entscheiden, welche Unternehmen bei der Investition ihrer Mittel berücksichtigt werden.

Durch Ratings lassen sich alternative Finanzierungsquellen erschließen, größere Finanzierungsvolumina darstellen, mehr Liquidität erreichen und gezielter die Beziehungen zu den „stakeholders" des Unternehmens gestalten.

6 Empfehlungen für das Ratinggespräch

Eine gute Vorbereitung ist die beste Empfehlung für das Ratinggespräch. Noch vor wenigen Jahren war es eher eine Minderheit der Unternehmen in Deutschland, die diesen Grundsatz bedachte. Bankinterne Ratingprozesse fanden oft ohne Wissen und Zutun des beurteilten Unternehmens statt. Dementsprechend gering war die Aufmerksamkeit für die Kriterien, die für dieses Verfahren letztlich bestimmend sind. Jedes Unternehmen sieht sich existentiellen Gefährdungen gegenüber. Die Höhe des Ausfallrisikos zu bestimmen, ist Gegenstand des Ratingverfahrens. Da dieses Risiko besteht, gleich, ob das Unternehmen an dem Verfahren mitwirkt oder nicht, müssen Ratings gegebenenfalls auch ohne Zutun und sogar gegen den Willen des beurteilten Unternehmens durchgeführt werden, da die Bankenaufsicht dazu anhält. Um eine möglichst treffgenaue Klassifizierung zu erreichen, empfiehlt sich daher eine gute Vorbereitung des Ratinggesprächs. Wer sich dem Verfahren sperrt und nicht mitmacht, verhält sich wie ein uneinsichtiger Schüler, der in der schriftlichen Prüfung ein leeres Papierblatt abgibt. Schlechte Noten sind die Folge.

6.1 Gut vorbereiten

Wer gut organisiert ist, kommt auch ohne Ratingsoftware zum Ziel. In jedem Fall empfiehlt es sich für IT-Unternehmen, eine Reihe von Punkten zur guten Vorbereitung des Ratinggesprächs zu bedenken, wie etwa Organisation, Ratingstrategie, Credit Story, Memorandum, Fact Book und Kommunikationspolitik.

Organisation

Ratingfragen sind letztlich stets Chefsache: Immerhin geht es um die Frage nach der Existenz des Unternehmens. Ratingagenturen sind es gewohnt, bei ihren Ratinggesprächen auf den Chief Executive Officer (CEO) und / oder Chief Financial Officer (CFO) zu treffen. Bei größeren Unternehmen wird unterhalb dieser Ebene eine weitere Zuständigkeit für die interne Beratung der Ratingfragen geschaffen. Da möglicherweise aus allen Unternehmensbereichen Daten zusammenzutragen sind, empfiehlt sich die Benennung klarer Zuständigkeiten.

Ratingstrategie

Durch Entwicklung einer Ratingstrategie sollen Aktionen und eventuelle Reaktionen möglichst antizipiert werden. Nicht für jedes Unternehmen empfiehlt sich unmittelbar der Ratingantrag bei einer unabhängigen Ratingagentur. Aussichtsreicher erscheint es, zunächst Erfahrungen mit der Sichtweise der Banken bezüglich ihres internen Ratings zu sammeln. Oft gibt das bankinterne Rating bereits eine grobe Annäherung an das Urteil einer unabhängigen Ratingagentur ab. Bevorstehende strukturelle Veränderungen des Unternehmens, Fusionen und Akquisitionen usw. haben meist auch Konsequenzen für die Bonitätsklassifizierung. Insbesondere in der Kommunikation mit der Öffentlichkeit sollte bedacht werden, dass Ratingänderungen in rascher Folge Fragen aufwerfen können und daher zu vermeiden sein sollten.

Credit Story

Zwar werden beim bankinternen Rating Antworten auf einen mehr oder weniger starren Katalog von Fragen erwartet, jedoch gilt auch für die Sichtweise der Banken, dass letztlich die von Ratingagenturen verlangte „Credit Story" maßgeblich ist. Während für Eigenkapitalgeber die „Equity Story" vor allem Wachstumsperspektiven und Gewinne versprechen soll, stellt die „Credit Story" Bestandsfestigkeit und Sicherheit der Zins- und Tilgungsleistungen in Aussicht. Unter einer „Credit Story" kann der Begründungszusammenhang verstanden werden, durch den die (gute) Bonität des Unternehmens, also seine (geringe) Ausfallgefährdung, gestützt wird. Eine Credit Story zu schreiben heißt, in kurzer und prägnanter Form davon zu überzeugen, warum das Unternehmen in vier bis fünf Jahren noch existieren sollte. Warum werden auch künftig genügend Überschüsse erwirtschaftet, um alle Ansprüche von Kapitalgebern zu befriedigen? Warum sollten Kreditgeber weiterhin bereit sein, Finanzmittel zu prolongieren oder zu substituieren?

Memorandum

Das Memorandum sollte als zusammenfassende Darstellung nicht nur Aussagen zu Gegenstand, Rechtsform, Organisation und den Produkten des Unternehmens enthalten, sondern auch die wesentlichen qualitativen und quantitativen Angaben, die für eine Ratingbeurteilung maßgeblich sind. Dem Memorandum sollten die Leitideen der Credit Story zu entnehmen sein.

Fact Book

Neben der zusammenfassenden Darstellung sollte ein „Fact Book" Daten und Fakten, insbesondere Jahresabschlüsse mindestens der letzten drei Jahre und möglichst auch Belege für wesentliche Argumentationsstützen der Credit Story enthalten.

Kommunikationspolitik

Eine schlechte Kommunikationspolitik kann selbst bei bester Credit Story Anlass zu einer Herabstufung geben. In bankinternen Ratingprozessen sind die Bankmitarbeiter meist sogar ausdrücklich dazu aufgefordert, ihre Eindrücke aus dem Ratinggespräch mit dem Kunden zu bewerten und in das Rating einfließen zu lassen, gegebenenfalls sogar die maschinell vorgegebene Note nach unten zu korrigieren. Widersprüchliche Informationen, wie sie sich leicht aus unkoordinierten Aussagen verschiedener Mitarbeiter des Unternehmens ergeben können, sind ebenso schädlich wie eine „Monopolisierung" der Kommunikation durch die Unternehmensspitze. Wenn für den Ratingersteller spürbar wird, dass praktisch allen Mitarbeitern des Unternehmens eine strikte Schweigepflicht auferlegt wurde, fördert dies ebenso wenig sein Vertrauen wie aufgedeckte Falschinformationen.

6.2 Professionell verhandeln

Professionell mit Kreditgebern zu verhandeln heißt, Vertrauen zu schaffen. Das lateinische Wort „credere" heißt „vertrauen" - auf das Vertrauen in die wirtschaftliche Fähigkeit, rechtliche Bindung und Willigkeit des Unternehmens, seinen zwingend fälligen Zahlungsverpflichtungen stets vollständig und rechtzeitig nachzukommen, darauf kommt es beim Rating an.

Vertrauen gewinnt man nicht mit durchschaubaren Tricks und irreführenden Informationen. Von Anfang an sollte das ernsthafte Bemühen im Vordergrund stehen, dem Kreditgeber die Attraktivität seines Engagements anhand von Daten und Fakten und glaubhaften Zukunftsperspektiven deutlich zu machen. Glaubwürdigkeit, Zins- und Tilgungszahlungen stets wie vereinbart zu leisten, wächst schon in der Phase der Kontaktanbahnung, indem jedes Gespräch gut vorbereitet und - falls notwendig - mit professioneller Unterstützung erfolgt.

Transparenz und Offenheit sind oberstes Gebot. Professionalität zeigt sich u. a. auch dadurch, den Kreditgebern nicht einfach Zahlenfriedhöfe zu überlassen und mit Unterlagen zuzuschütten, sondern sich auf die letztlich relevanten Angaben zu konzentrieren. Dies setzt eine genaue Kenntnis der Ratingprozesse, der Ratingsysteme und der Ratingkriterien voraus, wie sie hier beschrieben werden.

Die Schwierigkeiten, ein von der Bank einmal erteiltes Rating in Frage zu stellen und auf eine bessere Klassifizierung hinzuwirken, dürfen nicht unterschätzt werden. Dem IT-Unternehmen sind die Ratings von Wettbewerbern nicht bekannt, da Kreditinstitute diese aufgrund des Bankgeheimnisses nicht preisgeben. Argumente aus dem Vergleich mit anderen Unternehmen, wie sie in Ratinggesprächen mit Ratingagenturen durchaus üblich und erfolgreich sind, können für das bankinterne Rating daher nur eingeschränkt hervorgebracht werden.

Wer seine Verhandlungsspielräume verstehen will, ist daher gut beraten, sich die Ratings aus allen Bankverbindungen offen legen zu lassen und gegebenenfalls auch noch das Rating einer unabhängigen Agentur einzuholen. Aus dem Ratingbericht der Agentur lassen sich für jeden Kreditgeber bei Bedarf eine Fülle von weiteren Informationen entnehmen, die das Bonitätsurteil zu stützen vermögen.

6.3 Kreditgeber pflegen

Es liegt im Wesen von Finanzierungsvorgängen, dass sie sich über einen mehr oder weniger langen Zeitraum erstrecken. Die Kreditentscheidung und -gewährung ist lediglich der Beginn einer meist jahrelangen Verbindung. Das Rating steht am Anfang dieser Beziehung und begleitet sie über ihre gesamte Fortdauer: Da heute Unternehmen mehr noch als je zuvor Veränderungen unterworfen sind, können sich die Bedingungen rasch ändern, unter denen ein Rating zunächst erteilt wurde. Diese Veränderungen zu berücksichtigen, wird von den Banken ausdrücklich durch die Mindestanforderungen an das Kreditgeschäft (MaK) verlangt und ist selbstverständlicher Teil der Dienstleistungen unabhängiger Ratingagenturen.

Mit der erstmaligen Durchführung eines Ratingprozesses ist das Thema „Rating" daher für kein IT-Unternehmen am Ende. Die laufende Überwachung und gegebenenfalls genauere Überprüfung des Ratings setzt die ständige Pflege der Beziehungen zu den Kreditgebern voraus. Dazu gehört die laufende Aktualisierung der Informationen, die das Krediturteil stützen, insbesondere durch Bereitstellung Betriebswirtschaftlicher Auswertungen (BWA) und aller Jahresabschlüsse.

6.4 Fazit

Wie bei der Meister- oder Examensprüfung kommt es auch beim Rating auf eine gute Vorbereitung an. Anders als bei diesen Prüfungen wird das Rating in den Banken jedoch auch dann durchgeführt, wenn sich das beurteilte IT-Unternehmen gar nicht damit befasst hat oder sogar seine Mitwirkung am Ratingverfahren verweigert, indem es beispielsweise erforderliche Unterlagen nicht beibringt. Ein solches Verhalten kann fatale Folgen für die Bankbeziehung haben, da die Banken zur Risikoklassifizierung aufsichtsrechtlich angehalten sind.

Wer auf gute Beziehungen zu seinen Gläubigern Wert legt, sollte sich sowohl mit dem Ablauf, als auch mit dem Aufbau des Ratings beschäftigen. Durch die gute Vorbereitung des Ratingverfahrens wird sichergestellt, dass erforderliche Daten zum richtigen Zeitpunkt eingereicht werden können. Durch die Beschäftigung mit den Kriterien und Maßstäben, die für das Rating bedeutsam sind, wird ein Verständnis für die Einschätzung der Ausfallwahrscheinlichkeit geschaffen.

7 Ausblick

Die neue Baseler Eigenkapitalvereinbarung des Baseler Ausschusses für Bankenaufsicht wird zu einer stärkeren Orientierung des Kreditgeschäfts der Banken an den eingegangenen Risiken führen. Für Kredite, die ein hohes Risiko aufweisen, wird künftig in den Banken eine höhere Eigenmittelunterlegung erforderlich. Die damit verbundenen Kosten werden in der Regel an den Kunden weitergegeben. Umgekehrt können sich Unternehmen guter Bonität darauf freuen, mehr Verhandlungsspielräume nutzen zu können, da Kreditgeber für sie künftig geringer belastet sein werden und diesen Vorteil mit ihrem Kreditnehmer teilen können.

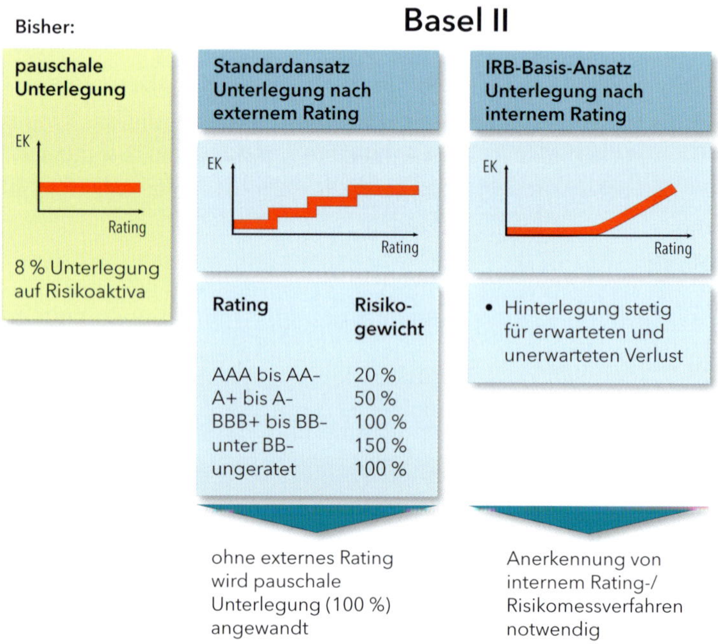

Kapitalanforderungen im Vergleich

Die Mindestanforderungen an das Kreditgeschäft der Kreditinstitute verlangen für jeden Kreditnehmer eine Risikoklassifizierung, gleich welcher Größe und Branche. Daher werden auch hessische IT-Unternehmen mit Fragen nach ihrem Rating beziehungsweise nach den für das Rating bestimmenden Faktoren konfrontiert.

Beim Rating handelt es sich jedoch nicht um eine bürokratische, lediglich bankinterne Angelegenheit. Die Systematik der Ratingkriterien erlaubt es vielmehr schneller und einfacher als bisher, die existentiell wichtigen Entwicklungen zu erkennen und geeignete Maßnahmen zur Unternehmenssicherung zu treffen.

Zahlreiche IT-Unternehmen werden nicht von Betriebswirten geführt. Für diese hilft das Rating wie ein „Schnellkurs" in Betriebswirtschaftslehre, da durch die Ratingsysteme unmissverständlich klar wird, auf welche Aspekte es für Kreditgeber ankommt. Wer sich gut vorbereitet, darf auf bessere Noten hoffen.

Für jedes Unternehmen gibt es daher nur zwei Alternativen: Entweder die Fragen nach dem Rating hintanzustellen und der Entwicklung später hinterher zu eilen, oder sich aktiv mit dem Management des Ratings auseinanderzusetzen. Wer sich auch finanzwirtschaftlich professionell präsentieren will, nutzt im Wirtschaftsverkehr die finanzielle „Visitenkarte", die ihm durch ein unabhängiges Rating ausgestellt wird.

8 Literatur

Zum Thema „Rating" werden über hundert Buchtitel in deutscher Sprache angeboten. Die meisten davon behandeln das Thema aus der spezifischen Perspektive des jeweiligen Autors. Die folgenden Herausgeberwerke und Lexika umfassen jeweils Beiträge aus praktisch allen Blickrichtungen.

- Ann-Kristin Achleitner, Oliver Everling und Stefan Klemm (Herausgeber): Nachfolgerating, Rating als Chance für die Unternehmensnachfolge, Betriebswirtschaftlicher Verlag Dr. Th. Gabler, Wiesbaden 1. Auflage Januar 2006, **www.gabler-verlag.de**, gebundene Ausgabe, 366 Seiten, ISBN 3-409-14327-0.
- Oliver Everling und Jens Schmidt-Bürgel (Herausgeber): Kapitalmarktrating, Betriebswirtschaftlicher Verlag Dr. Th. Gabler, Wiesbaden 1. Auflage Dezember 2005, **www.gabler-verlag.de**, gebundene Ausgabe, 300 Seiten, ISBN 3-409-12716-X.
- Ann-Kristin Achleitner und Oliver Everling (Herausgeber): Rechtsfragen im Rating, Grundlagen und Implikationen von Ratings für Agenturen, Investoren und geratete Unternehmen, Betriebswirtschaftlicher Verlag Dr. Th. Gabler, Wiesbaden 1. Auflage November 2005, **www.gabler-verlag.de**, gebundene Ausgabe, 470 Seiten, ISBN 3-409-14314-9.
- Ann-Kristin Achleitner und Oliver Everling (Herausgeber): Versicherungsrating, Betriebswirtschaftlicher Verlag Dr. Th. Gabler, Wiesbaden 1. Auflage März 2005, **www.gabler-verlag.de**, gebundene Ausgabe, 400 Seiten, ISBN 3-409-12716-X.
- Ann-Kristin Achleitner und Oliver Everling (Herausgeber): Existenzgründerrating, Betriebswirtschaftlicher Verlag Dr. Th. Gabler, Wiesbaden 1. Auflage August 2004, **www.gabler-verlag.de**, gebundene Ausgabe, 516 Seiten, ISBN 3-409-12572-8.
- Oliver Everling und Ottmar Schneck: Rating ABC, Weinheim 1. Auflage Juni 2004, Wiley-VCH Verlag GmbH & Co. KGaA, **www.wiley-vch.de**, 136 Seiten, ISBN 3-527-50126-6.
- Ann-Kristin Achleitner und Oliver Everling (Herausgeber): Handbuch Ratingpraxis, Betriebswirtschaftlicher Verlag Dr. Th. Gabler, Wiesbaden 1. Auflage Mai 2004, **www.gabler-verlag.de**, gebundene Ausgabe, 952 Seiten, ISBN 3-409-12523-X.
- Oliver Everling und Karl-Heinz Goedeckemeyer (Herausgeber): Bankenrating, Betriebswirtschaftlicher Verlag Dr. Th. Gabler, Wiesbaden 1. Auflage April 2004, **www.gabler-verlag.de**, gebundene Ausgabe, 581 Seiten, ISBN 3-409-12513-2.

- Ann-Kristin Achleitner und Oliver Everling (Herausgeber): Fondsrating – Qualitätsmessung auf dem Prüfstand. Verfahren, Kriterien und Nutzen, Betriebswirtschaftlicher Verlag Dr. Th. Gabler, Wiesbaden 1. Auflage Dezember 2003, **www.gabler-verlag.de**, gebundene Ausgabe, 338 Seiten, ISBN 3-409-15012-9.
- Ann-Kristin Achleitner und Oliver Everling (Herausgeber): Rating Advisory – Mit professioneller Beratung zum optimalen Bonitätsurteil, Betriebswirtschaftlicher Verlag Dr. Th. Gabler, Wiesbaden 1. Auflage Oktober 2003, **www.gabler-verlag.de**, 396 Seiten, gebundene Ausgabe, ISBN 3-409-15010-2.
- Oliver Everling und Walburga Sarcher: Rating-Lexikon, Deutscher Sparkassen Verlag 2003, **www.dsv-gruppe.de**, Fach-Bibliothek Finanzierung, 192 Seiten, Taschenbuch, IV-2003 301 021 000.
- Oliver Everling (Herausgeber): Rating - Chance für den Mittelstand nach Basel II, Betriebswirtschaftlicher Verlag Dr. Th. Gabler, Wiesbaden 1. Auflage Dezember 2001, **www.gabler-verlag.de**, gebundene Ausgabe, 700 Seiten, ISBN 3-409-11812-8.
- Oliver Everling, Sven-Matthias Riedel und Pierre Weimerskirch (Herausgeber): Technology-Rating, Betriebswirtschaftlicher Verlag Dr. Th. Gabler, Wiesbaden 2000, **www.gabler-verlag.de**, gebundene Ausgabe, 301 Seiten, ISBN 3-409-11483-1.
- Hans E. Büschgen und Oliver Everling (Herausgeber): Handbuch Rating, Betriebswirtschaftlicher Verlag Dr. Th. Gabler, Wiesbaden 1996, **www.gabler-verlag.de**, gebundene Ausgabe, 710 Seiten, ISBN 3-409-14165-0.

Foto: PhotoCase.com

9 Anhang

Gibt man das Wort „Rating" in eine der Suchmaschinen im Internet ein, erhält man viele Millionen Suchresultate. Um die Suche nach weiteren Informationen zu erleichtern, hier eine Auflistung interessanter Websites:

- **www.bankenverband.de**
  Der Bundesverband deutscher Banken liefert insbesondere Informationen rund um das private Bankgewerbe.

- **www.bdra.de**
  Der Bundesverband der Ratinganalysten und Ratingadvisor ist die Berufsorganisation für Ratingspezialisten.

- **www.bis.org**
  Auf der Website der Bank für Internationalen Zahlungsausgleich werden alle wichtigen Dokumente des Baseler Ausschusses für Bankenaufsicht veröffentlicht.

- **www.bundesbank.de**
  Die Website der Deutschen Bundesbank hält Übersetzungen der Dokumente des Baseler Ausschusses sowie darüber hinaus zahlreiche Dokumente bereit, die insbesondere die Umsetzung des Baseler Rahmenwerkes in Deutschland betreffen.

- **www.bvr.de**
  Der Bundesverband deutscher Volksbanken und Raiffeisenbanken hält zahlreiche Informationen zum Rating bereit, wie es bei Genossenschaftsbanken durchgeführt wird.

- **www.cofacerating.de**
  Die Tochtergesellschaft der Allgemeinen Kreditversicherung Coface, Coface-rating.de, erteilt so genannte @ratings für zahlreiche Unternehmen in Deutschland und weltweit.

- **www.creditreform-rating.de**
  Das ist die Website der Creditreform Rating AG, einer Gesellschaft im Verband der Vereine Creditreform in Neuss.

- **www.dbrs.de**
  Die bisher einzige von der US Securities Exchange Commission anerkannte Ratingagentur ohne Hauptsitz in den USA heißt Dominion Bond Rating Services; sie unterhält auch ein Büro in Frankfurt am Main.

- **www.dsgv.de**
  Der Deutsche Sparkassen- und Giroverband hält für Sparkassen maßgebliche Informationen über das Rating in der Sparkassenorganisation bereit.

- **www.everling.de**
  Auf der Website von Everling Advisory Services findet sich frei zugänglich der erste, seit 1999 wöchentlich erscheinende Internet Newsletter zum Thema Rating.

- **www.fitchratings.de**
  Fitch Ratings ist die einzige international führende Ratingagentur mit Sitz in Europa.

- **www.krp.ch**
  Wer regelmäßig mehr Informationen zum Thema Rating sucht: Das ist die Website der Zeitschrift „Kredit & Rating Praxis".

- **www.moodys.de**
  Website der ältesten Ratingagentur, Moody's Investors Service.

- **www.standardandpoors.de**
  Standards & Poor's ist eine der führenden Ratingagenturen weltweit mit einem umfangreichen Informationsangebot im Internet.

- **www.rating-alliance.de**
  Die Euler Hermes Rating ist eine auf mittelständische Unternehmen spezialisierte Ratingagentur mit Sitz in Deutschland. Die Agentur gehört zum Konzern der Euler Hermes Kreditversicherung.

- **www.rating-evidence.de**
  Die RATING EVIDENZ GmbH fungiert als Evidenzzentrale für die von Banken, Kreditversicherungen und Ratingagenturen erteilten Ratings.

- **www.rating-services.de**
  Die RS Rating Services AG in München bietet Ratings für kleine und mittlere Unternehmen an.

- **www.schneck-rating.de**
  Die Prof. Schneck Rating GmbH ist Anbieter von Ratingsoftware und sonstigen Ratingdienstleistungen.

- **www.ura.de**
  Die 1998 gegründete URA Unternehmens Ratingagentur AG ist die älteste Agentur mit Hauptsitz in Deutschland.

10 Die Aktionslinie hessen-it

hessen-it ist die Aktionslinie des Hessischen Ministeriums für Wirtschaft, Verkehr und Landesentwicklung für den gesamten IT-Markt in Hessen. hessen-it bietet Informationen und Services zum Online-Markt, zu E- und M-Commerce, zu Software- und Telekommunikationsanbietern sowie über Telearbeit. Angesprochen werden auf der einen Seite die über 6.500 hessischen Anbieter, die Produkte oder Dienstleistungen auf dem Informationstechnologie-Markt anbieten, auf der anderen Seite die kleinen und mittleren Anwender-Unternehmen.

Anbieter-Datenbanken erleichtern die Suche nach geeigneten Dienstleistern bei der Durchführung von IT-Projekten. Gleichzeitig fungieren diese Datenbanken für Anbieter als Informations- und Kommunikations-Plattform, auf der sich diese den Anwendern und potenziellen Kunden präsentieren können.

Newsticker, E-Mail- und Print-Newsletter berichten regelmäßig über den IT-Markt in Hessen. Veröffentlichungen aus der umfangreichen hessen-media Schriftenreihe ergänzen das Informationsangebot der Website, das jedoch weit über das Print-Angebot hinaus geht. Die Broschüren können bequem online bestellt oder heruntergeladen werden.

hessen-it hat verschiedene Netzwerke und Branchentreffs initiiert, in denen sich teils nichtkommerzielle Initiativen, teils kommerzielle Anbieter zusammengeschlossen haben. Regionale Multimedia- und E-Commerce-Zentren sowie IHKs, Handwerkskammern und andere regionale Akteure arbeiten zusammen an dem Ziel, Hessens Weg in die Informationsgesellschaft voran zu bringen.

Einen Überblick über diese Netzwerke und Treffs sowie Terminankündigungen zu Veranstaltungen, an denen sich hessen-it beteiligt, findet man im Online-Terminkalender auf der Website. Denn auch bei internationalen Messen wie der CeBIT oder bei regionalen Veranstaltungen in ganz Hessen sind kompetente Ansprechpartner der Aktionslinie präsent. Hinzu kommen Seminare und Workshops, die hessen-it zu verschiedenen Themen ausrichtet.

Der regelmäßige IT-Dialog Hessen sorgt neben dem vielfältigen virtuellen Informationsangebot für den realen Kommunikationsaustausch innerhalb der hessischen IT-Branche und der Landesregierung und rundet somit das Leistungsangebot ab. Besuchen Sie unsere Webseiten unter

www.hessen-it.de

11 hessen-media: Eine Initiative setzt Zeichen

Mit der Landesinitiative hessen-media leistet die Hessische Landesregierung einen aktiven Beitrag zur Gestaltung des digitalen Zeitalters. Mit einem Bündel von Projekten, Initiativen und Aktionslinien ebnet sie den Weg zur Informations- und Wissensgesellschaft in Hessen.

Zielsetzung von hessen-media ist die Entwicklung und Verbreitung neuer Informations- und Kommunikationstechnologien und deren Anwendung in Wirtschaft, Privathaushalten und im öffentlichen Sektor, an der Schnittstelle zu Bürgern und Wirtschaft. hessen-media fördert Pilot- und Modellprojekte aus allen Lebens- und Arbeitsbereichen. Dazu gehören:

- Bildung und Wissenschaft
- Gesundheit
- Umweltschutz
- Verkehr
- Wirtschaft
- Verwaltung
- Gesellschaft und Soziales
- Multimedia und IT
- Kultur

In der Landesinitiative hessen-media arbeiten Wirtschaft, Wissenschaft und Politik gemeinsam am Ziel, Hessens Position in der Spitzengruppe europäischer Medien- und IT-Standorte zu festigen und auszubauen.

Zusammengefasst stehen für die Landesinitiative hessen-media bei der Projekttätigkeit und der Öffentlichkeitsarbeit vier Schwerpunkte im Vordergrund:

- Stärkung der Medien- und IT-Wirtschaft in Hessen
- Heranführung neuer Nutzergruppen an die Neuen Medien
- Verbesserung der Medienkompetenz und Qualifizierung im Umgang mit den Neuen Medien
- Marketing für den Medien- und IT-Standort Hessen

Um diese Ziele zu erreichen, konzentriert sich hessen-media neben der Initiierung von Pilot- und Modellprojekten auf die Planung und Durchführung von hessischen Firmen-Gemeinschaftsständen auf zahlreichen Messen der Branche, auf die Vermittlung von Medienkompetenz, die Beratung und Begleitung der hessischen Klein- und Mittelbetriebe, die Bereitstellung von Marktübersichten (beispielsweise die Online-Anbieter-Datenbank unter www.hessen-it.de) und eine breite Öffentlichkeitsarbeit, die über die Anwendungsmöglichkeiten interaktiver Dienste und Neuer Medien informiert.

Sind Sie neugierig auf hessen-media? Über unser Internetportal

www.hessen-media.de

erhalten Sie vielfältige Informationen zur Landesinitiative mit Kontaktadressen und Ansprechpartnern konkreter Projekte. Zusätzlich finden Sie dort die neuesten Meldungen aus der hessischen Medien- und IT-Branche und einen Terminkalender mit den wichtigsten Veranstaltungshinweisen. Darüber hinaus können Sie hier den kostenlosen E-Mail-Newsletter der Landesinitiative abonnieren, der für Sie alle 14 Tage kostenlos die neuesten Meldungen aus der hessischen Medienbranche/Medienpolitik in kompakter Form zusammenfasst.

Kontakt:

Geschäftsstelle hessen-media
c/o HA Hessen Agentur GmbH
Abraham-Lincoln-Straße 38-42
65189 Wiesbaden

hessen » Hier ist die Zukunft media

Telefon	0611 / 774-8481
Telefax	0611 / 774-8620
E-Mail	info@hessen-media.de
Internet	www.hessen-media.de

Schriftenreihe hessen-media

Bestellmöglichkeit und Download als PDF-Datei finden
Sie im Internet unter **www.hessen-media.de**

hessen-media (wir über uns)

2001 **Hessen-infoline-Netzwerk** (Band 26)

Projektdokumentation (Band 1)

Bildung und Wissenschaft

2002 **Telemedizin in Hessen – Beiträge aus dem Universitätsklinikum Gießen** (Band 24)

2001 **Entwicklung und Einsatz elektronischer Medien als Lehr- und Lernmittel an hessischen Hochschulen** (Band 27)

Kompetenzzentren und Onlinedienste im Schulwesen – Beispiele für hessen-media Projekte (Band 25)

2000 **Die virtuelle Universität** (Band 15)

1998 **Medienmanagement in Schulen** (Band 8)

E-Government

2002 **Auf dem Weg zu E-Government – Hessens Kommunen im Internet** (Band 37)

Wirtschaftsförderung und Standortmarketing im Internet (Band 36)

Marktstudien IT-Standort Hessen

2004 **Softwareanbieter in Hessen 2004** (Band 50)

Telekommunikationsanbieter in Hessen 2004 (Band 49)

2003 **Online-Anbieter in Hessen** (Band 2)

2002 **E-Shops in Hessen** (Band 28)

2000 **Der Telekommunikationsmarkt in Hessen** (Band 21)

Leitfäden für IT-Anwendungen

2006 **Internet-Marketing nicht nur für kleine und mittlere Unternehmen**

Basel II – Rating für IT-Unternehmen

Leitfaden Anti-Spam

Leitfaden VoIP

Leitfaden Webdesign

Funkgestützte Auto-Identifikation: RFID zur Optimierung von Prozessen

In modernen Märkten überleben – Kooperationen mittelständischer Softwareunternehmen in Hessen

Surviving in modern markets – SME Cooperation in the software industry in Hessen

2005 **Leitfaden zur Patentierung computerimplementierter Erfindungen** (Band 51)

Recht im Internet (Band 33, 2. Auflage)

Gefunden werden im Internet (Band 32, 2. Auflage)

2004 **Wettbewerbsvorteile durch barrierefreie Internetauftritte** (Band 48)

Domainregistrierung international (Band 47)

Wireless-LAN: Stand und Entwicklungspotenzial, Nutzungsansätze für KMU (Band 46)

2003 **E-Business-Konzepte für den Mittelstand** (Band 45)

Leitfaden „In modernen Märkten überleben" (Band 44)

Projektleitfaden „Software-Ergonomie" (Band 43)

„Digitale Signatur", Leitfaden zum Einsatz digitaler Signaturen (Band 42)

Die Bedeutung der E-Logistik für den Mittelstand (Band 41)

Management von Kundenbeziehungen im Internet (Band 40)

Leitfaden „Webdesign – Internetpräsenzen besser planen und gestalten" (Band 7)

2002 **IT-Sicherheit für den Mittelstand** (Band 38)

E-Paymentsysteme – Bezahlen im Internet (Band 35)

ASP: Mehr als nur Mietsoftware (Band 34)

Recht im Internet (Band 33)

Gefunden werden im Internet (Band 32)

2002 **E-Learning für KMU – Neue Medien in der betrieblichen Aus- und Weiterbildung** (Band 31)

Telehaus Wetter – ein TeleServiceZentrum (Band 30)

2001 **Kasseler Praxis-Dialog Tele@rbeit – Analysen · Erfahrungen · Positionen** (Band 29)

2000 **Leitfaden „Webdesign international"** (Band 22)

E-Shop-Software (Band 20)

Hessische Handwerker entdecken das Internet (Band 19)

Leitfaden zur Anwendung eines Ratingsystems für IT-Unternehmen in Hessen (Band 18)

Software-Dialog Hessen (3) (Band 17)

Leitfaden „E-Shop" (Band 16)

1999 **Analyse des softwaretechnischen Problemlösungsbedarfs der Medienwirtschaft in Hessen** (Band 11)

Software-Dialog Hessen (2) – Software-Trends (Band 10)

Leitfaden „Software-Qualitätsmanagementsystem für den Maschinen- und Anlagenbau" (Band 9)

1998 **Leitfaden zur Einführung eines Qualitätsmanagementsystems in Software-Unternehmen** (Band 4)